国家自然科学基金青年基金项目"组织社会化视角下员工组织公民行为变化趋势及其影响因素和作用边界：基于 AMO 理论的动态研究"（No.72002060）；海南大学科研启动金资助项目（No.kyqd(sk)1937）

组织社会化视角下组织公民行为的动态变化趋势研究

张靓婷　张兰霞　◎著

Exploring the Trajectories of Organizational Citizenship
Behavior and Its Boundary Conditions from the
ORGANIZATIONAL
SOCIALIZATION PERSPECTIVE

中国财经出版传媒集团
经济科学出版社
Economic Science Press

图书在版编目（CIP）数据

组织社会化视角下组织公民行为的动态变化趋势研究／
张靓婷，张兰霞著 . —北京：经济科学出版社，
2021.10
ISBN 978 - 7 - 5218 - 3035 - 4

Ⅰ.①组… Ⅱ.①张… ②张… Ⅲ.①组织行为学 -
研究 Ⅳ.①C936

中国版本图书馆 CIP 数据核字（2021）第 228530 号

责任编辑：宋艳波
责任校对：王苗苗
责任印制：王世伟

组织社会化视角下组织公民行为的动态变化趋势研究

张靓婷 张兰霞 著

经济科学出版社出版、发行 新华书店经销
社址：北京市海淀区阜成路甲 28 号 邮编：100142
总编部电话：010 - 88191217 发行部电话：010 - 88191522
网址：www. esp. com. cn
电子邮箱：esp@ esp. com. cn
天猫网店：经济科学出版社旗舰店
网址：http：//jjkxcbs. tmall. com
北京季蜂印刷有限公司印装
710×1000 16 开 13.75 印张 210000 字
2021 年 11 月第 1 版 2021 年 11 月第 1 次印刷
ISBN 978 - 7 - 5218 - 3035 - 4 定价：68.00 元
（图书出现印装问题，本社负责调换。电话：**010 - 88191510**）
（版权所有 侵权必究 打击盗版 举报热线：**010 - 88191661**
QQ：2242791300 营销中心电话：010 - 88191537
电子邮箱：**dbts@ esp. com. cn**）

前　言

　　突发的公共卫生事件及复杂多变的市场竞争环境对组织的灵活性和适应性都提出了更高的要求，为此组织比任何时候都更加注重员工的组织公民行为，因为它能够提高组织的生存能力和核心竞争力，提升组织的绩效水平。作为自主决定的行为，如何保证员工持续性高水平的组织公民行为便成为本书关注的焦点。相较于以往的静态研究或短期动态研究方法，本书采用长时间跨度的纵向数据收集法，从组织社会化的视角，探究组织公民行为相对长期的变化趋势，同时，结合个体—环境匹配理论和资源保存理论，分析组织公民行为动态变化趋势的内在机制和边界条件。

　　本书拟解决的核心问题如下：（1）组织社会化视角下，组织公民行为的变化趋势是怎样的？（2）组织社会化视角下，不同群体、不同类型和不同测量方式下的组织公民行为的变化趋势是否存在显著性差异？（3）影响组织公民行为变化趋势的因素有哪些？这些因素彼此之间的交互效应对组织公民行为变化趋势的影响结果如何？为探究上述问题，本书进行了以下几方面的研究。

　　子研究1：借鉴已有的组织公民行为和组织社会化的相关文献，采用文献研究的方法对组织社会化阶段组织公民行为可能的变化原因进行分析，了解其潜在的变化趋势，从而提出可检验的假设。

　　子研究2：考察不同群体、不同维度和不同测量方式下的组织公民行为变化趋势的异同，以细化组织公民行为的动态理论，同时为组织公民行为的动态差值模型提供进一步的实证支持。

　　子研究3：分析影响员工组织社会化阶段组织公民行为变化趋势的边界条件，以深化对组织公民行为动态变化趋势的情境化探索。

　　基于上述研究，本书拟为侦测员工行为模式的异常、培养和激发员工持续性高水平的组织公民行为提供可参考的框架。

本书共包含六个章节的内容，其中前五个章节由张靓婷撰写，最后一个章节由张兰霞撰写，希望这本书能够给研究组织行为的学者带来一定的启示。

因时间仓促，加之水平有限，书中难免有不当之处，恳请专家、读者谅解并批评指正。

张靓婷

2021 年 3 月

目　录

第一章 绪 论

第一节 研究背景

突发的公共卫生事件及日益复杂多变的市场竞争环境都对组织的灵活性和适应性提出了更高的要求，为此组织比任何时候都注重员工的行为表现，特别是员工的组织公民行为（其被认为是用于维持和增强组织的社会与心理环境以支持任务绩效的行为）。这是因为，一方面，自新冠肺炎疫情发生以来，全国各大省区市相继启动了突发公共卫生事件一级响应，并陆续发布了企业延迟复工的通知。在这一背景下，大部分企业为减缓延迟复工对企业生产运营的影响而采取了远程办公的方式（据在线办公平台钉钉的数据显示，仅 2020 年 2 月 3 日春节假期后的第一个工作日当天，全国就有上千万企业的近两亿人在家进行远程办公）。远程办公环境更加强调员工自主、自治的工作特性（Gajendran & Harrison，2007；Raghuram，Garud & Wiesenfeld，2001），即员工可以灵活地安排工作日程、工作任务的先后顺序和自主休息时间等，这就使得组织越发依赖于员工自发主动的组织公民行为来提升组织的绩效水平，提高组织的生存能力和核心竞争力（Raghuram，Hill & Gibbs，2019）。另一方面，面对日益复杂多变的市场竞争环境，大多数企业采用团队模式来增强企业的灵活性和适应性。在团队模式下，员工的角色定位趋于弹性化，工作职责趋于模糊化。此时，员工的组织公民行为的展现有利于团队改正错误、提升团队决策效率、促进团队创新和核心竞争力的提升而备受企业家的关注（邓今朝等，2018；段锦云等，2013）；此外，组织公民行为的展现还能够提升员工的绩效评价水平、提高员工的工作满意度（颜静等，2017；Lavy & Littman，2016）。虽然组织公民行为的展现对个体、团队和组织均具有重要的意义，但维持员工高水平的组织公民行为却困难重重，我们常常能在组织中观察到一些乐于助人或建言的员工变得被动或沉默，因此如何激发并维持员工持续性且高水平的组织公民行为成为管理者关注的重点问题。

在仔细地梳理组织公民行为的相关研究后不难发现，绝大多数文献均以静态模型（static model）作为研究的基础。虽然静态模型能够解释在某一时间点为什么一些员工相较于其他员工会表现出更多的组织公民行为，但是却无法解释组织公民行为的变化性。例如，员工的组织公民行为为何会随着时间的推移而发生改变，这种改变在不同的员工群体之间是否会存在差异等。显然，静态模型限制了人们对组织公民行为的理解。而动态模型（dynamic model）则通过关注个体行为随时间的变化性，能够有效分析个体组织公民行为的变化趋势，恰恰弥补了静态模型的不足。尽管已有学者呼吁，应深化对组织公民行为动态变化过程的研究（Podsakoff，Whiting，Podsakoff & Blume，2009；Bolino，Harvey & Bachrach，2012；Dalal，Bhave & Fiset，2014），但时至今日，从动态的视角研究组织公民行为的文献却十分有限。

在为数不多的周边绩效和组织公民行为动态研究文献中，学者们主要采用两种方法展开研究：一种是交叉滞后法，即通过探讨组织公民行为单向的因果关系来论证组织公民行为的动态变化性。例如，将组织公民行为视为因变量，探讨某个自变量当期的变化（T1）对下一期组织公民行为（T2）的影响（Donaldson，Ensher & Grant-Vallone，2000；Tepper，Duffy，Hoobler & Ensley，2004；Vigoda-Gadot & Angert，2007）。研究表明，组织公民行为能够随着某些特定因素的改变而发生变化。还有一些研究将组织公民行为视为自变量（Koys，2001；Blakely，Andrews & Fuller，2003），探讨员工当期的组织公民行为（T1）对员工下一期的工作满意度及组织绩效（T2）的影响。另一种是每日日记法，即通过探讨相对短期的（如几分钟、几小时、几天或几周）员工情感或情绪等对组织公民行为的影响，来论证组织公民行为的动态变化性（Methot，Lepak，Shipp & Boswell，2016）。研究显示，员工的组织公民行为在相对较短的时间内会发生一定程度的改变，员工的情感或情绪变化可以解释组织公民行为 22% ~ 87% 的变异（Ilies, Scott & Judge, 2006；Halbesleben & Wheeler, 2007；Dalai, Lam & Weiss, 2009；Glomb, Bhave, Miner & Wall, 2011；Koopman, 2016）。由此可见，采用交叉滞后法和每日日记法研究员工的组织公民行为，能够在一定程度上展现组织公民行为的动态变化性，但这两种方法均存在一定的不足。交叉滞后法虽然能为组织公民行为的动态性特征提供一定的解释，但这些研究仅测量了组织公民行为在前后两个时点间的变化，容易产生错误的研究结论。假设员工的组织公民行为是动态变化的，呈现出先上升后下降的变化趋势，此时仅测量前后两个时点上的组织公民行为，可能会得出组织公民行为是相对稳定的这一错误的研究结论，从而增大了第二类错误发生的概率。每日日记法虽然能够反映组织公民行为的动态变化性，但它只能描绘组织公民行为在相对较短时间内的变化，变化幅度会存在较大波动，无法准确反映组织公民行为相对稳定的变化模式。例如，个体在短时间内情绪产生了较大的波动，此时个体行为也会相应地出现较大幅度的变动，仅测量这一时间段内个体行为的变化易认为个体行为内部变化性较大，但从长期来看，个体的情绪变化相对稳定，故其行为也会维持在一个相对均衡的水平。

在组织中，员工通常会形成一种相对稳定的行为模式（Ashforth & Lee, 1997；Methot et al., 2016），这是因为随着工作经验的积累和信息获取数量的增加，员工的不确定性感知会逐渐降低，对环境的预测能力会逐渐升高。在这种情境下，员工为维持现状，会倾向于在组织中表现出一种相对稳定的行为模式。因此，以天或小时为单位测量的组织公民行为并不会显著地改变组织公民行为相对长期的均衡水平（equlibrium level），仅会围绕基准线做上下波动。真正能够影响组织公民行为相对长期的均衡水平的是那些持续时间较长的重大冲击性事件。组织社会化作为个体为满足组织的角色需求、内化为组织中的一员所进行的价值观、能力和行为等方面的学习和重建过程（Louis, 1980），持续的时间相对较长，对员工的冲击力相对较大且是组织中所有员工都会经历的过程。基于此，本书拟从组织社会化的视角，探究在相对较长的一段时间内组织公民行为的变化趋势及影响这一变化趋势可能的解释变量，以弥补现有研究的不足。

第二节 问题的提出

实质上，社会化是个体由自然人转变为社会人的过程，这就意味着，社会化过程会贯穿于个体的整个生命周期，包括儿童期、青春期、成年期及老年期。由于成年期占据了个体生命周期的大半部分，且在这一时期个体会置身于特定的工作环境和组织文化之中，因此，个体会经历不同的组织社会化过程。为了研究上的方便，本书将关注的重点放在处于组织社会化不同阶段的三类员工上，即新员工、工作变更期员工和老员工。其中，新员工是指那些入职不满 3 个月，对自身工作角色、所属团队及所在组织不完全了解，尚处于学习和适应阶段的员工群体；工作变更期员工是指那些在现有组织有工作经验，但工作岗位进行了横向（平级调动）或纵向（提拔）调整，且调整时间不满一个月的员工群体；老员工则是指那些在现有岗位工作了较长一段时间（通常在一年以上），体验到较少的工作变化，无须再进行社会化的员工群体。应该说，这三类员工群体基本涵盖了组织社会化的全过程。基于此，本书提出的第一个研究问题是：处于组织社会化不同阶段的员工的组织公民行为的变化趋势是怎样的？不同群体间组织公民行为的变化趋势是否存在显著性差异？

已有研究表明，组织公民行为是一个多维构念。时至今日，学者们已经提出了 30 余种不同类型的组织公民行为（Podsakoff, Mackenzie, Paine & Bachrach, 2000）。学者们通常会依据自身不同的研究需求，选取不同类型的组织公民行为进行研究。由于时间和精力有限，本书也不可能关注所有类型的组织公民行为。考虑到本书侧重于从组织社会化的视角，探讨组织公民行为的动态变化趋势，因此，选取了在组织社会化过程中员工较为看重的风险性特征作为组织公民行为维度划分的标准，将组织公民行为划分为亲和性组织公民行为和挑战性组织公民行为。亲和性组织公民行为是个体通过促进和支持已有的工作流程来维持现状的行为，如助人行为、谦恭有礼等；挑战性组织公民行为是个体通过质疑和提升已有的工作流程来挑战现状的行为，如建言行为、实施变革等（Van Dyne, Cummings &

McLean，1995；Grant & Mayer，2009）。研究显示，尽管员工会展现出不同类型的组织公民行为，但相较于风险性较强的挑战性组织公民行为，他们更倾向于风险性较弱的亲和性组织公民行为（Van Dyne，Kamdar & Joireman，2008）。基于此，本书提出的第二个研究问题是：随着时间的推移，员工所展现的亲和性组织公民行为和挑战性组织公民行为的变化趋势是否存在显著性差异？

从现有研究成果来看，学者们在测量员工的组织公民行为时通常采用自评或他评两种方式（Carpenter，Berry & Houston，2014）。顾名思义，所谓自评就是让员工本人对自己的组织公民行为进行评价；所谓他评就是让员工的上级或同事评价员工的组织公民行为。从理论上讲，因员工对自身所表现出的组织公民行为较为了解，故自评方式应该能够较为准确地评价出组织公民行为的水平。然而，由于社会期许偏差等因素的影响，员工的自评结果往往会高估其自身的组织公民行为水平。他评方式虽然能较好地解决社会期许偏差等因素所带来的评价主体行为被高估的问题，但由于他人观察到的行为相对有限，无法准确地反映员工所展现的全部组织公民行为，因此他评方式会相对低估员工的组织公民行为水平（Allen，Barnard，Rush & Russell，2000）。元分析结果表明，在评价组织公民行为方面，自评方式和他评方式并无显著性差异（Carpenter et al.，2014），但这一结果仅是基于将组织公民行为作为一个整体构念的静态研究成果得出的，且自评与他评的组织公民行为也仅仅是中等程度相关。这就在一定程度上说明自评和他评方式在预测组织公民行为不同维度的变化趋势上可能会有所差异。基于此，本书提出的第三个研究问题是：采用自评方式和他评方式测量的组织公民行为的变化趋势是否存在显著性差异？

为深入理解组织公民行为的动态变化性质，本书将进一步探究组织公民行为变化趋势的边界条件。考虑到本书是基于组织社会化的视角探究组织公民行为的变化趋势，因此，在选择调节变量时，本书重点关注变量的时间动态性、变量与组织社会化进程的相关性及变量选取的覆盖性。针对变量的时间动态性，本书排除了那些具有瞬时性特征的变量，重点关注具有持久性特征的变量，如个体特质、认知及任务特征等。虽然瞬时性特征变量能够影响个体的组织公民行为，但其影响效果较为短暂，且在时间维度上没有特定的联系，因此，瞬时性特征变量无法有效预测组织公民行为随时间的变化性。而持久性特征类变量，如特质或认知等则相对稳定且具有连续性（Jones & Shah，2015），可能能够预测组织公民行为的动态变化趋势。因此，本书在选择调节变量时，仅考虑具有持久性特征的变量。同时，在选择持久性特征类变量时，本书仅考虑与员工组织社会化进程相关的变量，且这些变量要涵盖激发个体行为表现的内因（个体因素）和外因（环境因素）。员工的组织社会化过程是员工学习和同化的过程（Fang，Duffy & Shaw，2011），其中，学习过程强调个体对角色期望、工作任务和组织环境的了解（Morrison，2000），而同化过程则重点关注个体的关系构建和组织融合（Korte & Lin，2013）。因此，本书将重点关注那些具有持久性特征且与学习过程和同化过程相关的内外部因素。基于此，本书提出的第四个研究问题是：影响组织公民行为变化趋势的因素有哪些，且这些因素的交互效应对组织公民行为变化趋势的影响效果是怎样的？

第三节　研究目的

基于组织社会化视角，本书拟探究组织公民行为的动态变化趋势及影响这一趋势可能的解释变量，以期为组织更好地培养处于不同组织社会化阶段的员工的组织公民行为、提升组织公民行为的水平提供相应的管理启示。本书具体的研究目的如下。

1. 探究组织公民行为的动态变化趋势

先前对组织公民行为的研究大多基于静态视角，在少数采用动态视角的文章中也均以相对短期的研究设计为基础，缺乏对组织公民行为相对长期的变化趋势的探究。事实上，探究组织公民行为相对长期的变化趋势有利于更好地理解组织公民行为的本质，同时为如何有效激发员工的组织公民行为提供理论指导。因此，为弥补现有研究的不足，本书的第一个主要研究目的便是探讨组织公民行为相对长期的变化趋势，同时为细化对这一问题的理解，本书将组织公民行为视为一个多维构念（亲和性组织公民行为与挑战性组织公民行为），对组织公民行为的测量方式进行区分（自评和他评），并将本书的调研对象划分为新员工、工作变更期员工及老员工，以探究组织公民行为在不同群体、不同维度和不同测量方式下的变化趋势及各变化趋势的异同，以拓展和深化组织公民行为理论。

2. 探究影响组织公民行为变化趋势的情境因素

现有对组织公民行为情境因素的探索大多基于单一时点，缺乏从动态性的视角探究各情境因素对组织公民行为变化趋势的影响效果。事实上，从动态性的视角探究各情境因素对组织公民行为变化趋势的调节作用，有利于深化组织公民行为动态变化趋势的边界探索。因此，为弥补现有研究的不足，本书的第二个主要研究目的便是探讨组织公民行为动态变化趋势的情境因素。考虑到影响组织公民行为的因素有很多，上到组织因素下到个体因素，本书对这些因素的选择过程中重点关注以下三个方面，分别是：时间上的动态连续性、与组织社会化过程的相关性及变量选取的覆盖性（如个体因素和环境因素）。通过对这三个方面的考察，本书选取了主动性人格、任务互依性、关系型自我构念和变革型领导作为影响组织公民行为变化趋势的解释变量。通过探究各因素对组织公民行为变化趋势的调节效果，以细化组织公民行为动态性研究的边界条件，从而为组织公民行为动态性研究提供可参考的框架。

3. 探究组织公民行为变化趋势的交互影响效应

虽然对每一种因素进行单独分析有利于我们了解每种因素对组织公民行为变化趋势的不同影响效果，但在现实情境中，员工行为的产生往往是由多种因素共同作用所导致的，仅关注某一特定的因素对组织公民行为的影响，无法准确反映组织公民行为的变化性。因此，为更加真实和准确地预测组织公民行为的动态变化趋势，针对第三个核心研究目的，本书基于个体—环境匹配理论及特质激活理论，重点探究变量间的交互效应对组织公民行为变化趋势的作用效果，并选取主动性人格—任务互依性、主动性人格—变革型领导、关系型自我构念—任务互依性及关系型自我构念—变革型领导这四种组合方式来预测组织公民行为的变化，以期进一步深化和丰富组织公民行为理论。

第四节　研究意义

本书以组织社会化作为研究视角，探究处于组织社会化不同阶段的员工群体的组织公民行为变化趋势的异同及影响这一变化趋势的可能的解释变量。这不仅为进一步理解组织公民行为的动态变化性提供了理论依据，而且也为组织公民行为的变化模式提供了实证支持。

一、理论意义

1. 丰富了组织公民行为的纵向研究

基于组织公民行为这一积极组织行为学领域的研究热点，把握国内外最新发展动态，突破现有研究仅关注某一时点或相对短期的个体组织公民行为的变化，采用相对长时间跨度的纵向数据收集法对组织公民行为的变化趋势进行研究，为深入理解组织公民行为的时间动态性提供了实证支持，同时也进一步丰富了组织公民行为的纵向研究。

2. 拓展了组织社会化理论的适用范围，同时为深入理解组织社会化过程对组织公民行为的影响提供了可参考的框架

将组织社会化视角整合进组织公民行为理论之中，以员工的组织社会化程度作为个体组织公民行为变化的依据，以个体的职业生涯周期作为群体划分的标准来探讨不同群体间组织公民行为变化趋势的异同，这不仅是对现有组织社会化理论的有益拓展，也为深入探索组织公民行为的变化趋势提供了理论依据。现有对组织公民行为的研究大多忽视了组织社会化过程在塑造组织公民行为方面的作用。在少数论证组织社会化与组织公民行为关系的研究中，学者们仅关注具体的组织社会化内容对组织公民行为的影响。事实上，组织社会化是一个动态演变的过程，仅关注具体的社会化内容对组织公民行为的影响，限制了我们对二者间关系的理解。因此，本书从组织社会化过程的视角分析组织公民行为的变化趋势，为深入理解组织社会化阶段组织公民行为的变化模式提供了理论依据和实证支持。此外，现有探讨组织社会化与组

织公民行为的研究，大多仅以新员工作为研究对象（Bauer, Bodner, Erdogan, Truxillo & Tucker, 2007）。虽然新员工成功地社会化对组织的生存与发展至关重要，但这些研究忽略了同样会经历社会化过程的工作变更期群体，该群体成功地社会化对组织的发展同样意义重大，因此，本书拟关注新员工和工作变更期员工，同时加入老员工作为参照对象，以探究不同群体组织公民行为变化趋势的异同，从而为我们更为深入地理解组织社会化过程对组织公民行为的影响提供了可参考的框架。

3. 细化了组织公民行为维度与测量方式的动态研究

通过对组织公民行为不同维度和测量方式进行区分，来探究组织公民行为在不同维度和测量方式间变化趋势的异同，有利于我们细化组织公民行为的相关理论，并为组织公民行为的动态模型提供进一步的实证支持。虽然现有研究探讨了组织公民行为的不同维度与其他变量间的因果关系，但这些研究均未从时间动态性的角度探究组织公民行为不同维度间变化趋势的异同。事实上，随着时间的推移，组织公民行为维度间的变化量并非是等同的（Settoon & Mossholder, 2002），因此，对组织公民行为的维度进行区分，探究在组织社会化过程中组织公民行为不同维度间变化趋势的异同，为我们更为细致地理解员工的组织公民行为，激发员工不同类型的组织公民行为提供了理论指导。此外，现有研究虽然证实了在采用单一时点测量的情形下，组织公民行为的自评方式和他评方式没有显著性的差异，但还没有研究探讨在重复测量的情境下，不同的测评方式是否会表现出相似的变化趋势及这一变化趋势是否存在显著性差异的问题。为弥补上述研究的不足，本书拟采用不同的评价主体对员工的组织公民行为进行多次重复测量，以探究员工的组织公民行为在不同评价主体测评的条件下变化趋势的异同，这也是对现有研究的有益补充和完善。

4. 深化了组织公民行为动态变化趋势的情境化探索

通过引入相对稳定且具有时间动态性的变量作为影响组织公民行为变化趋势的解释变量，不仅能够为组织公民行为的变化性提供一定程度的理论解释，而且有利于深化组织公民行为动态变化趋势的情境化探索，并且为拓展人与环境匹配理论和特质激活理论等相关理论的适用范围提供了理论支持。

二、实际意义

1. 为制定差异化的激励政策以激发组织社会化程度不同的员工的组织公民行为提供依据

通过分析新员工、工作变更期员工和老员工这三类组织社会化程度不同的员工群体间的组织公民行为变化趋势的异同，可以帮助企业制定出有针对性的激励政策，以最大化地激发所有员工的组织公民行为。

2. 为培养员工稳定且持续性的组织公民行为提供可参考的框架

从组织社会化的视角来看，员工在组织中大多会经历社会化和再社会化这两个阶段，从新员工入职的社会化阶段，到经历平级调动或是升职的再社会化阶段，再到最后无须进行社会化或再社会化的趋于稳定的工作状态。这三个阶段涵盖了员工职业生涯的全部内容，虽然在不同阶段组织公民行为的表现程度会有所差异，但是在了解了员工组织社会化不同阶段组织公民行为的变化趋势后，能够为企业有针对性地培养员工稳定且持续性的组织公民行为提供实践指导。

3. 为选择合适的组织公民行为测量方式提供了指导

在评价组织公民行为时，通常有自评和他评两种方式可供选择。应该说，这两种方式各有优缺点。但在评价员工的组织公民行为时，企业往往基于自身的偏好或方便性原则等来选择评价方式。事实上，企业在选择组织公民行为评价方式时，应考虑多种因素，如评价目的、评价主体特征、评价客体特点等。虽然员工的行为表现通常由其主管领导进行评价，但在不同的情境下，自评和他评方式的准确性可能存在差异。因此，本书通过探究自评和他评测量的组织公民行为动态变化趋势的异同，为更加准确地测量组织公民行为的水平提供了有益的指导。

4. 为激发员工的组织公民行为提供了有价值的帮助

通过对员工的个体特质、任务特征及所处情境因素的考察，探究在不同情境下组织公民行为变化趋势的异同。这不但有助于企业了解组织公民行为动态变化的作用边界，而且也有助于企业通过有意培养员工的相关特质或营造相应的组织情境来激发组织公民行为的产生。

第五节　研究思路与主要研究内容

一、研究思路

本书严格遵循提出问题——分析问题——解决问题的思路开展研究工作。

首先，对国内外的知名数据库，如 Elsevier、Springer Link、Google 学术和中国知网（CNKI）等数据库中的相关文献（包括组织公民行为、纵向研究、动态性、组织社会化等）进行收集和整理，通过对相关文献的理解与分析并结合企业发展的现实情况提出了本书需要研究的四个主要问题。

其次，围绕着研究问题，依据已有理论和文献，探究了组织公民行为的动态变化趋势，并基于组织社会化的视角将组织社会化程度不同的员工群体划分为新员工、工作变更期员工和老员工，以验证组织社会化程度不同的员工群体的组织公民行为变化趋势的异同。同时依据风险性程度的不同，对组织公民行为的维度进行了区分（包括亲和性组织公民行为和挑战性组织公民行为），以探究风险性程度的差异对组织公民行为变化趋势影响效果的异同。此外依据评价主体的不同，将组织公民行为的评价方式划分为两种，即自评方式和他评方式，以明晰不同评价方式在预测组织公民行为变化趋势时的差异性。

再次，通过引入相对稳定且具有时间动态性的变量作为影响组织公民行为变化趋势的解释变量，以探究各变量对组织公民行为变化趋势的调节效果，并依据特质激活理论和人与环境匹配理论构造变量间的交互作用，分析交互项的调节效应，以进一步明晰组织公民行为变化趋势的边界条件。在此基础上，参照国外学者的成熟量表法设计调查问卷，通过预测试对初始问卷进行修订，进而生成正式问卷，借助正式问卷采用重复测量法进行了大规模的数据采集，并将采集到的多时点数据进行整理。考虑到本书的数据类型属于嵌套数据，即个体内的数据嵌套于个体间，故需采用跨

11

层次分析，而不能够使用传统的回归分析方法。这一方面是因为在这种嵌套样本下，传统线性模型的方差齐性假设及方差独立的条件一般无法成立；另一方面是因为在样本规模不等的情况下，传统检验方法无法对数据进行方差估计，因此，传统的回归分析已不能适用本书的研究需要。多层线性模型（HLM）的出现不仅有效弥补了传统回归分析方法的不足，而且能够对个体间和个体内部的变异水平进行区分，从而能够较好地满足本书的研究需求。因此，本书选用 HLM 软件对整理后的数据进行分析以验证本书所提出的研究假设。

最后，依据检验结果得出本书的研究结论，并基于研究结论提炼出相应的管理启示。本书的技术路线如图 1-1 所示。

二、主要研究内容

1. 组织公民行为的动态变化趋势

先前对组织公民行为的研究大多基于静态视角，在少数采用动态视角的文章中也均以相对短期的研究设计为基础，缺乏对组织公民行为相对长期的变化趋势的探究。事实上探究组织公民行为相对长期的变化趋势有利于我们更好地理解组织公民行为的本质，同时为如何有效激发员工的组织公民行为提供理论指导。因此，为弥补现有研究的不足，本书的第一个主要研究内容便是探讨组织公民行为相对长期的变化趋势，同时为细化对这一问题的理解，本书将组织公民行为视为一个多维构念（亲和性组织公民行为和挑战性组织公民行为），对组织公民行为的测量方式进行区分（自评和他评），并将本书的调研对象划分为新员工、工作变更期员工及老员工，以探究组织公民行为在不同群体、不同维度和不同测量方式下的变化趋势及各变化趋势的异同，以拓展和深化组织公民行为理论。

2. 组织公民行为变化趋势多重因素的调节效应

考虑到影响组织公民行为的因素有很多，上到组织因素下到个体因素，本书对这些因素进行选择的过程中重点关注以下三个方面，分别是时间上的动态连续性、与组织社会化过程的相关性及变量选取的覆盖性（如个体因素和环境因素）。通过对这三个方面的考察，本书选取了主动性人格、

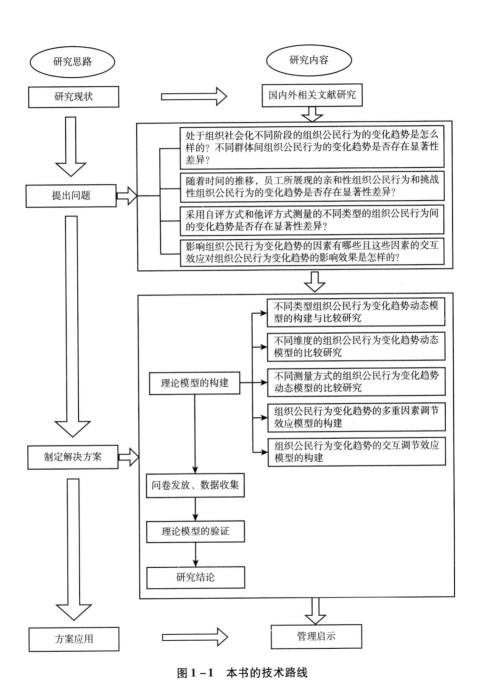

图 1-1　本书的技术路线

任务互依性、关系型自我构念和变革型领导作为影响组织公民行为变化趋势的解释变量。通过探究各因素对组织公民行为变化趋势的调节效果，以细化组织公民行为动态性研究的边界条件，从而为组织公民行为动态性研究提供可参考的框架。

3. 组织公民行为变化趋势的交互影响效应

本书的第二个核心研究内容重点探究每一种因素对组织公民行为动态变化趋势的影响效果。虽然，对每一种因素进行单独分析有利于我们了解每种因素对组织公民行为变化趋势的不同影响效果，但在现实情境中，员工行为的产生往往是由多种因素共同作用所导致的，仅关注某一特定的因素对组织公民行为的影响，无法准确反映组织公民行为的变化性。因此，为更加真实和准确地预测组织公民行为的动态变化趋势，针对第三个核心研究内容，本书基于个体—环境匹配理论及特质激活理论，重点探究变量间的交互效应对组织公民行为变化趋势的作用效果。并选取主动性人格—任务互依性、主动性人格—变革型领导、关系型自我构念—任务互依性及关系型自我构念—变革型领导这四种组合方式来预测组织公民行为的变化，以期进一步深化和丰富组织公民行为理论。

三、本书结构安排

本书主要探讨在组织社会化背景下，组织社会化程度不同的员工的组织公民行为的变化趋势的异同及影响该变化趋势可能的解释变量。结合本书的研究问题与技术路线，确定本书的章节安排如下。

第一章：绪论。本章首先通过对现实背景和理论背景的阐述提出了本书的核心研究问题。在此基础上，阐述了本书的研究意义、技术路线、研究内容、研究方法和主要的创新点。

第二章：相关理论与文献综述。本章主要对本书所涉及的相关理论（组织社会化理论、人与环境匹配理论和资源保存理论）和所要研究的核心变量（组织公民行为）进行回顾与综述，在肯定已取得的成就的同时，明确了现有研究的不足，为后续研究奠定了基础。

第三章：组织公民行为的动态变化趋势。本章重点解决本书提出的第

一、第二和第三个核心研究问题。为回答上述三个问题，本书构建了相应的理论模型和研究假设，并运用重复测量法和动态数据分析技术对数据进行收集、处理和分析，以检验本章的理论模式和研究假设。

第四章：组织公民行为变化趋势的多重因素的调节效应。本章重点解决本书提出的不同因素对组织公民行为变化趋势的影响效果如何的问题。为回答这一问题，本书构建了相应的调节效应模型和研究假设，在此基础上，运用多层线性模型对数据进行分析，以检验本章的理论模型和研究假设。

第五章：组织公民行为变化趋势的交互影响效应。本章重点解决本书所提出的变量间的交互效应对组织公民行为变化趋势的影响结果如何的问题。由于各因素并非单独存在于组织环境中，因此，要考虑不同因素间的交互效应对组织公民行为的影响。在此基础上，构建了相应的理论模型和研究假设，并运用多层线性模型对数据进行分析，以检验本章的理论模型和研究假设。

第六章：结论与展望。本章在阐述了本书研究结论的基础上，指出了本书的研究局限和不足，并提出了后续的研究展望。

第六节 研究方法

一、文献阅读法

应当说，科学的发展是在继承和借鉴前人研究的基础上展开的，而文献的阅读是继承和借鉴前人劳动成果的重要措施与方法。这里所说的文献通常被视为记录知识的载体，而文献阅读法则是通过收集、鉴别、整理和阅读文献，让人们对事实形成科学的认知，从而了解社会事实，探索社会现象的一种研究方法。文献阅读法是社会科学研究中最基本也是使用最为广泛的方法之一。本书通过对国内外有关组织公民行为、纵向研究、组织社会化、员工主动性人格、任务互依性、关系型自我构念及变革型领导等研究成果进行梳理总结的基础上，找到了本书的切入点，明确了本书的研究思路、研究意义和创新点，并根据所需研究的内容找到了相应的研究方法。

二、问卷调查法

问卷调查法是现行社会科学中使用最为广泛的一种方法，其通过对所研究的问题进行度量，能够收集到较为可靠的一手资料。问卷调查法所采用的问卷一般由卷首语、问题与回答方式、编码及结语四部分组成。卷首语是问卷调查的介绍部分，包括调查目的、调查途径、保密原则和对被调查者的希望与要求等。问题和回答方式是问卷的主要组成部分，一般包括问题、回答方式及对回答方式的指导说明。编码就是对问卷中的每一个问题给出一个唯一的代码，以此为依据进行数据处理。结语则表达对被调查者的真诚感谢。根据问卷调查法的要求，本书依据国外学者开发的成熟量表，并结合本书的研究目的和研究需求，选择了适合本书的成熟量表。同时为保证纵向数据收集的质量，研究人员先和企业高层领导取得联系，在获得新员工、工作变更期员工及老员工的信息后，通过邮件的方式发放本次调查问卷。正式调查问卷由三份不同的问卷组成，一份为前测问卷，一份为员工问卷，一份为领导问卷，其中前测问卷包含人口统计学变量、主动性人格、任务互依性、关系型自我构念和变革型领导变量，员工问卷包含组织公民行为变量，而领导问卷包含组织公民行为、任务绩效和领导成员交换变量。通过为期一年、时间间隔为三个月的数据收集，顺利完成了本书的数据采集工作。

三、数据统计分析法

数据统计分析法是指运用适当的统计分析方法对收集来的数据进行分析，以提取出数据中有用的信息并验证自身假设的过程。数据分析在统计学领域通常被划分为描述性统计分析、探索性数据分析及验证性数据分析，考虑到本书的研究问题和研究需要，本书仅采用描述性统计分析和验证性数据分析这两种方法。此外，由于本书的数据类型属于嵌套数据，即

个体内的数据嵌套于个体间，故需采用跨层次分析，而不能够使用传统的
回归分析方法。这一方面是因为在这种嵌套样本下，传统线性模型的方差
齐性假设及方差独立的条件一般无法成立；另一方面是因为在样本规模不
等的情况下，传统检验方法无法对数据进行方差估计，因此，传统的回归
分析已不能适用本书的研究需要。多层线性模型（HLM）的出现不仅有效
地弥补了传统回归分析方法的不足，而且能够对个体间和个体内部的变异
水平进行区分，从而能够较好地满足本书的研究需求。因此，本书选用
HLM 7.0 软件对收集到的重复数据进行多层次分析以验证本书所提出的研
究假设。在此基础上，本书采用 SPSS 20.0 对实证研究收集到的纵向数据
进行处理，验证回收问卷的信效度，并采用描述性统计分析、相关分析、
差值分析及单样本 T 检验等统计分析方法验证假设，进而得出本书的研究
结论。

第七节　创新点

一、深化了组织公民行为的动态性研究

本书突破了现有研究仅关注某一时点或相对短期的个体组织公民行为
变化的局限，采用相对长时间跨度的纵向数据收集法对组织公民行为的变
化趋势进行研究，深化了对组织公民行为动态性特征的理解。现有对组织
公民行为的研究大多以静态模型作为组织公民行为研究的基础，虽然静态
模型能够解释在某一时点为什么一些员工相较于其他员工会表现出更多的
组织公民行为，但是却无法解释个体组织公民行为的变化性。事实上，个
体的组织公民行为是一个动态演变的过程，因此，仅以静态的视角研究组
织公民行为，限制了人们对组织公民行为的理解。而动态视角则恰恰弥补
了静态模型的不足，通过关注个体行为随时间的变化性，能够有效预测组
织公民行为的变化趋势。同时，相对于较短时间的数据收集方式，较长时
间跨度的数据收集方式能够降低组织公民行为的短期波动，相对准确地预
测组织公民行为稳定的变化趋势。因此，从相对长时间跨度的动态性视

角，探究组织公民行为的变化模式，为深入理解组织公民行为的时间动态性提供了理论依据。

二、将组织社会化理论整合到组织公民行为的动态研究之中

本书以组织社会化理论作为组织公民行为变化的依据，以员工职业生涯周期作为群体划分的标准，将员工划分为新员工、工作变更期员工和老员工，分别探讨三种不同类型员工群体的组织公民行为的变化趋势及其彼此之间的异同，在研究视角方面具有较强的创新性。

现有针对组织公民行为的动态性研究的文献大多以情绪或情感类视角作为研究的基础，缺少对员工组织社会化过程的关注。事实上，员工的组织社会化过程是员工进行自身价值观、身份、行为等学习和重建的过程，持续时间相对较长，对员工的行为和认知等产生的冲击力相对较大，因此，将组织社会化理论整合到组织公民行为的研究中，从组织社会化过程的视角，探讨组织公民行为的动态变化趋势是对现有研究的有益补充。

三、采用动态比较分析技术探究组织公民行为变化趋势的异同

通过引入动态比较分析技术对组织公民行为的变化趋势进行分析，本书试图探究不同群体、不同维度和不同测量方式的组织公民行为变化趋势的异同，这不仅细化了人们对组织公民行为动态性的理解，而且为动态差值模型提供了实证支持。本书中的比较分析包括：不同群体的组织公民行为变化趋势的动态比较分析、不同维度的组织公民行为变化趋势的动态比较分析、不同测量方式的组织公民行为变化趋势的动态比较分析。

不同群体的组织公民行为变化趋势的动态比较分析重点关注了三类群体，分别是新员工、工作变更期员工和老员工，这三类群体基本涵盖了员工职业生涯周期的整个阶段。通过探究不同群体组织公民行为变化趋势的异同，不但为深入理解组织社会化过程中组织公民行为变化趋势的群体间差异提供了理论基础，而且也弥补了现有研究仅关注新员工群体的不足，

从而进一步深化了人们对处于不同组织社会化阶段的员工行为模式差异的理解。

不同维度的组织公民行为变化趋势的动态比较分析重点关注的是亲和性组织公民行为和挑战性组织公民行为这两种不同类型的组织公民行为变化趋势的异同。同时，由于亲和性组织公民行为和挑战性组织公民行为的种类较多，本书无法同时关注每一种亲和性组织公民行为和挑战性组织公民行为的变化趋势，因此，基于已有的研究基础，本书分别将助人行为与建言行为作为亲和性组织公民行为和挑战性组织公民行为的代表展开深入研究。通过比较助人行为和建言行为变化趋势的异同，为有效激发不同类型的组织公民行为提供了指导。

不同测量方式的组织公民行为变化趋势的动态比较分析重点关注的是自评和他评测量方式下的组织公民行为变化趋势的异同。通过比较两种测量方式下组织公民行为变化趋势的差异，为企业选择合适的测量方式评价员工的组织公民行为提供了参考。

四、拓展了组织公民行为动态模型的作用边界

通过引入相对稳定且具有时间动态性的变量作为组织公民行为变化趋势的边界条件，使本书在探索组织公民行为动态模型的情境因素方面具有创新性。现有对组织公民行为动态性的研究大多关注情感、情绪等状态类变量对组织公民行为的影响。虽然状态类变量会影响员工的组织公民行为，但影响效果较为短暂，且在时间维度上没有特定的联系，因此，状态类特征变量无法有效地预测组织公民行为在较长时间内的变化趋势。与个体状态类变量相比，个体的认知、特质及环境特征类变量则相对稳定，且具有连续性，因此，能够更好地预测组织公民行为相对长期的变化趋势，这不仅为组织公民行为在较长时间内的变化趋势提供了理论解释，而且也拓展了组织公民行为动态模型的作用边界，从而深化了组织公民行为的动态性研究。

第二章　相关理论与文献综述

众所周知，所有的学术研究都是建立在前人的理论体系和研究成果之上并借助于相应的研究工具及科学的研究方法探索出来的，本书也是如此。本章主要对相关理论与文献进行了回顾与综述，在肯定已取得的成就的同时，明确了现有研究的不足，为后续研究奠定了基础。

第一节　组织社会化理论

一、组织社会化的内涵

社会化一词最早由德国社会学家西蒙（Simmel）在其撰写的《社会学问题》一书中提出，他认为社会化是群体形成的基础。在此基础上，学者们依据自身研究视角的不同，对社会化进行了不同的界定，如有的学者认为，社会化是指个体学习知识、技能并构建关系以实现社会互动的过程；还有学者提出，社会化是指个体通过获取多种信息，来调整自身的价值观和相应的行为模式，从而融入群体的过程。虽然学者们对社会化的界定有所差异，但有一点是相同的，即他们都认为，社会化的过程就是个体在与环境互动的过程中，由自然人转变为社会人的过程。基于社会化的界定，学者们发现个体的社会化过程实际上贯穿于个体的整个生命周期，包括儿童期、青春期、成年期及老年期，也有学者将个体的社会化过程划分为个体在就学前的家庭社会化、进入学校后的学校社会化、就职后的组织社会化及退休后的老年社会化等几个阶段。由此可见，不论个体社会化的阶段如何划分，个体在不同的阶段均会体验到社会化的过程。

　　由于个体的成年期占据了个体生命周期的大部分，而在这一时期，个体置身于自身的工作环境和特定的组织文化中，因此，会经历不同程度的组织社会化过程。考虑到个体的组织社会化在个体整个社会化阶段占据了重要的地位，因此，学者们开始关注个体的组织社会化过程及其所带来的影响效果。

　　组织社会化一词最早由组织行为学家沙因（Schein，1968）提出。他认为，组织社会化是指个体对组织中相关规范、价值观和行为模式的学习过程，进而促进个体由组织外部人向组织内部人的转变。随后路易斯（Louis）在结合前人研究的基础上，对组织社会化进行了详细阐述，认为组织社会化是指个体为满足组织的角色需求、内化为组织的一员所进行的价值观、能力、行为和知识的学习与重建过程（Louis，1980）。这一社会化过程又以新员工刚入职的这段时间最为显著，因此学者们大多以新员工为研究对象，以新入职的第一年为研究时段，以 2 个月、3 个月和 6 个月为研究间隔，探讨新员工的组织社会化进程和组织社会化所带来的结果（Bauer et al.，2007；Bauer & Erdogan，2011）。

二、组织社会化的研究流派

　　现有对组织社会化的研究大多基于不确定性降低理论，该理论最早由伯杰（Berger）等学者在研究组织沟通时提出并被系统地阐述，主要关注的是降低不确定性在关系发展初期阶段的作用（Berger，1975）。由于人们的行为通常被假定为是个体试图增加对现有环境和关系的预测能力或降低对现有环境和关系的不确定性感知所做出的反应（Sunnafrank，1986），而不确定性降低理论能够较好地解释个体上述的行为表现，因此，不确定性降低理论自提出后便受到了学者们的广泛关注。研究的视角也从最初的关系构建，拓展到了其他领域，如企业并购、组织社会化等领域。其中不确定性降低理论对个体认知和行为的解释效果在组织社会化和再社会化的过程中尤为突出（Bauer et al.，2007）。这是因为新员工进入组织或组织内部员工经历工作调整后，其工作角色、关系网络或组织环境都发生了一定程度的改变，此时个体无法充分地理解和准确地预测所处的环境，在此情境下，个体的不确定性感知水平较高（Kramer，1999）。个体会通过对自身角色定位的理解、对他人行为模式偏好的认知及对组织价值观的内化等方式来降低自身的不确定性感知（Strojny，Kossowska & Strojny，2016），增强对环境的预测能力。可见员工的组织社会化过程其实质也是一种不确定性降低的过程，因此，现有对员工组织社会化的研究多以不确定性降低理论为基础，从组织社会化过程和组织社会化内容两个方面对员工的组织社会化进行探讨。

（一）组织社会化过程流派

由于员工成功的组织社会化能够有效地提升员工的绩效水平，提高员工的工作满意度、增强员工的组织承诺并降低员工的离职倾向（Bauer et al.，2007），因此，为加速员工的组织社会化进程，学者们集中于探讨影响员工组织社会化过程的社会化策略。早期学者们从组织的视角出发，关注由组织主导的组织社会化策略（organizational tactics）是如何影响员工的社会化进程的，以及在此过程中员工是如何回应组织的社会化策略的，这一研究视角强调员工的组织社会化是通过被动地接受组织的社会化程序和相应的管理实践活动而实现的。然而，由于组织的社会化策略无法为员工提供他们组织社会化所需的全部信息（Fang et al.，2011），同时随着信息时代的到来，终生雇佣制被逐步淡化，此时组织不再像先前那样过分强调组织的社会化策略，而是更多地关注与任务相关的培训手段（Schein，1996）。在此情境下，由个体主导的员工主动的社会化策略（individualistic proactivity）便受到了学者们的关注。在组织社会化阶段，员工主动的社会化策略实际上是一种动机性行为，其目的是为了减少他们对环境的不确定性感知（Fang et al.，2011）。已有研究表明，无论是组织主导的社会化策略还是员工主动的社会化策略均能够有效地促进员工的组织社会化水平（Bauer et al.，2007），因此，接下来本书将分别对组织主导型策略、员工主导型策略以及两者之间的交互效应进行综述。

1. 组织主导型社会化策略

组织主导型社会化策略最早由范·曼内恩（Van Mannen，1979）等学者提出，其认为组织主导型社会化策略是组织通过特定的方法促进员工从外部人向内部人转变的过程，在此基础上范·曼内恩等学者将其划分为包含双极性（bipolar）的六种社会化策略，分别是集体的（collective）–个体的（individual）、正式的（formal）–非正式的（informal）、有序的（sequential）–随机的（random）、固定的（fixed）–变动的（variable）、伴随的（serial）–分离的（disjunctive）及赋予的（investiture）–剥夺的（divestiture）。

在范·曼内恩等学者的基础上，琼斯（Jones，1986）将上述六种策略整合为了两种，即制度型社会化策略，包括集体、正式、有序、固定、伴随和赋予策略，以及个体型社会化策略，包括个体、非正式、随机、变动、分离和剥夺策略。采用制度型社会化策略的组织，员工能够获得结构性的社会支持，产生标准化的行为倾向并接受组织的角色预定，这种策略有利于组织维持现状。而采用个体型社会化策略的组织，能够较好地培养员工的独特性，使员工能够根据自身的认知和理解来诠释现有的角色，这种策略易培养员工的创新能力，提高组织的创新绩效。由于琼斯等学者提出的制度型社会化策略与个体型社会化策略具有较高的相关性和较强的解释能力，因此，现有学者大多采用此划分方式作为组织主导型策略的划分依据。

2. 个体主导型社会化策略

个体主导型社会化策略指员工主动地探索环境并理解情境中的相关线索以实现组织社会化的过程。员工主导型策略自提出后便受到了学者们的广泛关注，研究内容涉及员工主动的关系构建、信息探索、自我认知等多个方面。格里芬（Griffin，2000）在前人研究的基础上，对个体主导型社会化策略进行了一个综合归类，具体包含以下八个方面的内容：反馈与信息寻求行为（Morrison，1995；Nifadkar & Bauer，2015；Benzinger，2016）、关系建构（Cohen & Veled-Hecht，2010；Korte et al.，2013）、非正式的师徒关系（Chao，Walz & Gardner，1992）、工作变动协商、积极建构、参与和工作有关的活动、自我管理行为（Saks & Ashforth，1996）、观察和模仿。

3. 交互化社会化策略

由于个体间存在对特定学习类型和人际关系偏好的差异，因此，不同的个体会相对稳定地展现出某些特定类型的主动性社会化策略。如阿什福德（Ashford，1996）等学者的研究发现，拥有高控制需求的个体会表现出更多的信息寻求、关系构建和协商行为。虽然个体会相对稳定和持久地展现出某些特定类型的主动性社会化策略，但组织主导的社会化策略也会在一定程度上影响个体对某些主动性社会化策略的选择。

除安德烈（Andrea）等学者定性的研究外，现有的实证研究也集中于探讨组织主导型社会化策略与个体主导型社会化策略间的交互效应对员工组织社会化过程的影响，如本辛格（Benzinger，2016）等学者的研究探讨了组织主导型社会化策略与个体信息寻求行为间的交互效应对员工组织社会化过程的影响，其发现组织对临时工和正式工应实施差异性的组织社会化策略以增强不同类型员工的信息寻求行为，加快其组织社会化进程。格鲁曼（Gruman，2006）等学者研究发现，当员工越较少参与信息寻求和反馈寻求行为时，制度型组织社会化策略与员工组织社会化结果间的关系就越强。综上所述，组织主导型社会化策略与个体主导型社会化策略及两者之间的交互效应均能够影响员工的组织社会化进程，考虑到本书重点关注组织公民行为在组织社会化进程中的变化模式，因此，重点探讨个体主导型的社会化策略，故在研究中为防止组织社会化策略对本书研究结论的影响，并保证数据收集的质量，本书仅选择一家大型合资企业作为本书的调研对象，以控制组织层面因素对本书研究结论的影响。

（二）组织社会化内容流派

虽然已有对组织社会化过程的研究能够较好地增进人们对员工组织社会化的理解，但现有研究认为，除关注员工的组织社会化过程外，还应关注其社会化内容。事实上，深入理解员工的组织社会化内容有利于组织更好地实施组织社会化策略，管理组织社会化过程，并能够迅速地了解员工的组织社会化程度。基于此，学者们对组织社会化内容进行了深入探讨，如费希尔等（Fisher et al.，1986）将组织社会化内容分为四个方面，分别是学习组织知识、学习团队功能、学习工作知识和学习人际知识。陶尔米纳等（Taomina et al.，1994）以中国内地、中国香港及新加坡三地员工为调查对象发现组织社会化内容包括四个方面，分别是培训、理解、同事支持和未来愿景。赵国祥等（2007）以854名员工为调研对象，发现组织社会化内容包含四个方面，分别是组织文化社会化、工作胜任社会化、人际关系社会化和组织政治社会化等。

综上可以看出，学者们已经对组织社会化的内容进行了大量的探讨，并取得了丰硕的研究成果，在这之中对组织社会化内容阐述最为详细，也是现行组织社会化内容领域最权威的一篇文献是超等（Chao et al.，1994）划分的组织社会化的六个维度，分别是任务熟练度、人际关系、组织政治、语言、组织目标和价值及历史。虽然对组织社会化内容的研究能够细化人们对员工组织社会化的理解，但考虑到本书重点关注组织社会化进程中组织公民行为的变化模式，无须聚焦于具体的组织社会化内容，因此，关于组织社会化内容的相关研究在此处不再赘述。

第二节 个体与环境匹配理论

一、个体与环境匹配的内容

人与环境匹配理论最早起源于勒温（Lewin）提出的行为交互理论，该理论认为个体处于心理场与物理场的交互影响之中，心理场决定了个体行为的选择，而物理场则影响了个体行为的发展。在此基础上，人与环境匹配理论孕育而生，人与环境匹配理论认为，个体的行为是个体与环境相互作用的结果，即 $B = f(P, E)$。个体自身的特质和环境的属性均无法有效地解释个体态度与行为的变化，只有个体与环境的交互效应才能最大限度地解释这种现象（Edwards，Caplan & Harrison，1998）。当个体与环境相匹配，易激发个体积极的态度和情感，而积极的态度和情感又能够进一步促进个体积极行为的表达。而当个体与环境不匹配时，则易引发个体消极的态度和情感，而消极的态度和情感又会进一步抑制个体积极行为的表达，可见个体与环境间的匹配对个体的行为有着重要的影响。

二、个体与环境匹配的类型

现有对个体与环境匹配的研究大多从个体与环境不同的匹配类型进行论述，具体可以细分为二因素匹配模型、三因素匹配模型、四因素匹配模型和五因素匹配模型这几种类型（Caplan & Harrison，2010）。其中，二因素匹配模型一般指一致性匹配和差异性匹配两种。一致性匹配指个体所具备的某种特质与环境中的某些特征相一致，这种一致性匹配能够使员工的内在动机与环境需求相一致，从而促进员工行为的表达。而差异性匹配指个体所具备的某种特质正好是环境因素所缺少的，这种差异性匹配能够使得个体与环境间取长补短，从而促进员工行为的表达。三因素匹配模型主要指人与环境的一致性匹配、需求供给匹配及需求能力匹配。其中人与环境的一致性匹配概念与前述相同，需求供给匹配指当环境满足了个体的某些需求时，个体的行为便能够被激发。而需求能力匹配则是指个体的能力若能够满足环境的需求，则匹配效应产生，进而有利于员工态度或行为的表达。四因素匹配模型则综合了二因素和三因素匹配模型，包含了一致性匹配、差异性匹配、需求供给匹配及需求能力匹配四种类型。而五因素匹配模型则重点关注个体与不同环境的匹配，包括个体—组织匹配、个体—职业匹配、个体—岗位匹配、个体—群体匹配及个体—个体匹配。考虑到个体与环境匹配的不同类型，本书重点关注需求供给匹配及需求能力匹配这两种匹配模式，以探究不同匹配模式下组织公民行为变化趋势的异同。

三、个体与环境匹配理论的应用

在组织行为学领域，个体与环境匹配对个体态度和行为的影响是研究者们最为关注的方面。在一致性匹配和差异性匹配的研究中，学者们发现，员工与领导的人格特质匹配、认知匹配及态度匹配都能够对员工的行为产生积极的影响。例如，张等（Zhang et al.，2012）的研究表明，员工与领导在主动性人格方面的匹配能够促进员工工作绩效的提升。玛塔等

（Matta et al.，2014）的研究表明，领导与员工在领导成员交互关系方面的匹配能够促进组织公民行为的表达。孙茗等（2017）的研究表明，领导与员工对彼此喜欢的一致性程度能够促进员工的工作投入。除一致性和差异性匹配的研究外，学者们还关注需求供给和需求能力匹配，这些研究发现，当环境能够满足员工的某些需求，或当员工的能力能够满足环境的需要时，个体—环境匹配便产生了，这一匹配效应能够对员工的行为产生积极的影响。例如，迪芬多夫等（Diefendorff et al.，2016）的研究表明，当个体对工作中情感需求的感知与自身情感处理能力相匹配时，个体的幸福感和工作绩效均会有所提升。迪宁等（Dineen et al.，2017）的研究表明，当个体能力能够满足现有的工作需求时，个体会表现出较强的学习导向行为。可见，现有对个体与环境匹配的研究已经从多方面论证了匹配效应对员工态度和行为的积极或消极影响，但现有研究均以静态模型作为研究的基础，缺少从动态性的视角探究个体与环境的匹配效应对员工行为的影响，为弥补上述研究的不足，本书拟从需求供给匹配及需求能力匹配的视角，探究个体与环境的匹配效应对组织公民行为动态变化趋势的影响效果，以深化对个体—环境匹配理论的理解。

第三节　资源保存理论

一、资源保存理论的主要观点

资源保存理论是伴随着压力理论的发展而产生的，被广泛地用于解释组织中员工行为的产生与发展。资源保存理论认为，个体对于资源的态度有以下三个特征：（1）个体有努力保护现有资源并获取更多新资源的倾向性；（2）个体会努力避免资源的损失，而资源的损失会进一步引发个体的压力感知，从而加剧个体资源的流失；（3）资源的获取能够消减个体的压力感知，而个体压力感的消减能够使得个体获得更多的资源（Hobfoll，1989）。上述的三个特征造就了两种螺旋效应，分别是损失螺旋和增值螺旋。损失螺旋指资源匮乏的个体不仅经常处于资源丧失的威胁下，而且这种压力感知又会使个体过度投入仅有的资源来防止资源的进一步损耗，从而加剧了资源缺失的程度；增值螺旋指资源充足的个体不仅能够更容易地获得新资源，而且能够通过对现有资源的投资来获得资源的溢出增值，从而加快了资源获取的速率。在组织中，获取资源的速率一般小于资源丧失的速率，因此，相较于资源充足的个体，资源匮乏的个体更易陷入丧失螺旋效应之下。

二、资源保存理论的应用

个体对于资源损耗的敏感程度要大于等量的获得，可见个体倾向于损失规避。当个体陷入资源损耗的境地时，个体会采取一切可能的措施来降低资源损耗的速率，减轻自身的压力感。而当个体资源没有受到威胁时，其会想办法积累和获得更多的资源以预防可能的资源损耗。此外，在组织中员工通常拥有多重身份，而个体资源总量是有限的，因此，员工在对自身行为进行决策的过程中会对自身的资源进行权衡，这种对资源的权衡会影响员工行为的产生与发展。例如，梁等（Liang et al.，2008）的研究表明，在组织社会化过程中，员工可以通过主动性的社会化策略来获取相应的资源以弥补情绪耗竭所带来的资源损耗，从而保持自身资源的平衡。由此可以推测，资源保存理论能够从一定程度上解释组织社会化过程中组织公民行为的变化。当员工刚进入组织时，由于不确定性感知较高，可使用的资源较少，此时员工不得不通过展现组织公民行为来构建自身的社会网络，获取相应的资源，从而在员工组织社会化的初期阶段，员工会通过展现出较高水平的组织公民行为来获取资源，维持自身资源的平衡。然而，随着组织社会进程的加深，员工对该职位有了更加深刻的了解，此时一些不利因素会引发员工的关注，在此过程中，员工不得不通过调整自身的预期来适配现有的环境。此时员工需分配相应的资源进行认知调整（Ng & Feldman，2012），故分配给组织公民行为的认知资源会相应地降低，从而使员工的组织公民行为水平有所下降，并最终趋于稳定。可见，资源保存理论在解释组织公民行为的变化方面发挥着重要的作用。

第四节 组织公民行为文献综述

一、组织公民行为的内涵

组织公民行为作为积极组织行为学领域的一个重要组成部分，其思想源头可以追溯到组织学派创始人巴纳德（Barnard）提出的"合作意愿"及卡茨（Katz）提出的"自发行为等"，巴纳德（1938）指出组织从本质上来说就是一个由个体和个体以及个体和组织所组成的合作系统，组织的生存与发展取决于获取和维持个体间的合作动力，而管理者的主要职责则体现在激发员工间的合作意愿。卡茨等（Katz et al.，1966）进一步对员工的行为进行了区分，将其划分为角色内行为和自发行为，并认为员工自发的合作和创新行为能够提升组织的决策效率，提高组织的绩效水平。

在上述研究的基础上，1988 年，奥根（Organ）等学者提出了组织公民行为的概念。他认为，组织公民行为是一种员工自主决定的角色外行为，这些行为能够从整体上提高组织的绩效水平，但却无法得到组织正式报酬体系直接或明确的回报。显而易见，这个界定包含了组织公民行为的三种特性：（1）组织公民行为是个体自主决定的行为，不受工作角色和工作描述的制约，即使不展现出相应的行为也不会受到组织正式制度的处罚。（2）虽然组织的正式报酬体系不明确奖励个体的组织公民行为，但表现出组织公民行为的员工可能会在其他方面获得回报，如增加员工升职和加薪的可能性、提高领导和同事对该员工的绩效评价等。（3）组织效率的提升是由个体间组织公民行为的累加和交互产生的，而不是仅由某一个体的某次行为所导致的。

虽然奥根对组织公民行为内涵的界定被后续的研究多次引用，但仍遭到不少质疑，具体体现在以下几方面。

1. "角色外行为"（extra-role behavior）概念模糊

虽然组织公民行为被视为一种自主性决定的行为（角色外行为），且不受工作角色和工作描述的制约，但许多人（包括领导、同事和员工本人）都会将组织公民行为视为自身工作的一部分。同时，不同的个体对"角色外行为"的看法不尽相同，即使同一部门的员工对角色外行为也会有不同的看法（Morrison，1994）。因此，将组织公民行为视为一种角色外行为往往会使研究者无法很好地区分哪些行为属于个体的角色内行为，哪些属于个体的角色外行为，从而导致研究结论的不一致。

2. 组织正式报酬体系对个体特定行为的奖励十分有限

在组织中只有极少数行为的奖励有合同的保证，如技术进步或重大创新等，大多数行为（包括角色内行为）都需通过主管评价或量化的方式来实现对个体行为的考核，因此，仅通过是否是组织正式报酬体系所奖励的行为来判断个体的组织公民行为，存在一定的偏差。事实上，若将奖励的范畴与个体的绩效考评挂钩，会发现个体的绩效水平会受到组织公民行为水平的影响，进而影响员工所得报酬数量（Mackenzie，Podsakoff & Fetter，1991）。因此，从一定程度上来说个体所展现的组织公民行为有利于个体获得更多的奖励/报酬。

3. "自主性行为"存在争议

虽然组织公民行为被定义为一种自主性行为，但是个体实施组织公民行为的动机究竟是自发的还是被迫的很难衡量，因此，将组织公民行为视为一种自主性行为并不十分恰当。考虑到组织公民行为界定存在上述三点问题，奥根在1997年对组织公民行为进行了重新界定，他将组织公民行为与博尔曼（Borman，1993）提出的"周边绩效"结合起来提出组织公民行为是用于维持和增强组织的社会和心理环境以支持任务绩效的行为。

奥根对组织公民行为内涵的完善和修正被现行学者们广泛接受，由于研究视角的不同，学者们对组织公民行为的界定不尽相同，但基本上都沿袭了奥根的界定。本书也认可奥根的界定，认为组织公民行为是用于维持和增强组织的社会及心理环境以支持任务绩效的行为。

二、组织公民行为的维度

组织公民行为的概念自提出后，便受到了企业家和学者们的广泛关注。学者们在各自的文化背景下对组织公民行为的内容和维度进行了有意义的探索，并开发出了相应的组织公民行为测量量表，这不仅极大地增强了组织公民行为研究的可操作性，而且为组织公民行为研究的繁荣发展奠定了良好的基础。

（一）西方文化背景下组织公民行为的维度划分

组织公民行为的特征维度最早由史密斯、奥根等学者于1983年提出。他们认为，组织公民行为包含两个维度，即利他主义（altruism）和总体服从（general compliance）。其中，利他主义指员工在工作中能够自发主动地帮助他人；总体服从指员工能够主动地遵守组织的规章制度（如注重安全规范、不早退、不闲聊等）。

在随后的研究中，奥根提出了组织公民行为的五维结构，即利他主义（altruism）、责任意识（conscientiousness）、运动员精神（sportsmanship）、谦恭有礼（courtesy）和公民道德（civic virtue）。其中，利他主义指员工自发主动地帮助他人完成任务或解决问题；责任意识指员工做出超出组织对该角色最低要求的行为；运动员精神指员工心甘情愿地接受组织非理想化的环境，没有任何怨言；谦恭有礼指事先采取行动，以帮助他人避免问题的出现；公民道德指员工积极地参加组织的各项活动并关心组织中的重大事件。

受政治哲学中公民一词的启发，格拉汉姆（Graham）于1991年提出了组织情境下组织公民行为的三维构念，即组织服从（organizational obedience）、组织忠诚（organizational loyalty）和组织参与（organizational participation）。其中，组织服从指员工能够遵守组织的规章制度，认可组织的工作描述和人事规范等；组织忠诚指忠诚于整个组织，而不局限于个体或某一部门的利益；组织参与指员工对组织中的事务感兴趣，能够全身心地投入到组织的管理活动中，并积极地表达自己看法的行为。

由于奥根等学者将组织公民行为的概念与周边绩效的内涵相等同，因此，组织公民行为的维度划分可以与周边绩效的维度划分相联系。按照这个思路，波尔曼等（Borman et al.，1997）将组织公民行为或周边绩效划分为五个维度，即助人与合作行为、遵守组织的规章制度和流程、对完成任务保有热情并做出额外的努力、自愿承担额外的工作任务及赞同支持和保护组织目标的行为。

虽然上述研究对组织公民行为的维度划分存在不同的标准，但从各维度的定义来看存在大量重叠的现象。2000年，波德萨科夫等（Podsakoff et al.，2000）通过元分析发现，现有对组织公民行为维度的划分，产生了至少30种不同类型的组织公民行为，通过进一步的元分析发现，这些类型可以概括为7个维度，即助人行为、运动员精神、组织忠诚、组织服从、个体主动性、公民道德及自我发展。其中，助人行为指员工主动地帮助同事，以解决或避免工作上出现的问题；运动员精神指员工心甘情愿地忍受组织中非理想化的环境，没有任何怨言；组织忠诚指忠诚于组织，支持和保护组织的发展目标并在必要的时候牺牲自我利益以保护组织利益；组织服从指在缺乏监管的情境下，员工能够遵守组织的规章制度，认可组织的工作描述和人事规范；个体主动性指员工表现出超出组织对该角色最低要求的行为；公民道德指员工积极地参加组织的各项活动并关心组织中的重大事件；自我发展指员工自发地参与能够提升自身技能、知识和能力的活动中。

（二）中国情境下组织公民行为的维度划分

已有研究指出一些潜在重要的情境因素（如产业、技术和工作性质等）会对员工的组织公民行为产生重要的影响（Organ & Ryan，1995；George & Jones，1997）。可见，组织公民行为与个体所处的情境息息相关。由于先前对组织公民行为维度的研究均是在强调个人主义文化的西方情境下展开的，这与强调集体主义文化的中国情境有很大的差异，因此，在中国背景下开展组织公民行为维度的研究具有重要的意义。这不仅有利于验证组织公民行为在不同文化背景下的普适性及结构的稳定性，而且有利于发现组织公民行为在不同文化背景下的差异性及结构的特殊性。

在中国文化背景下，樊景立对组织公民行为维度的研究作出了突出的贡献。樊景立（Farh，1997）采用中国台湾地区的样本，探索出中国文化背景下组织公民行为的五维结构，即组织认同（identification with company）、利他行为（altrusim toward colleagues）、责任意识（conscientiousness）、人际和谐（interpersonal harmony）及保护公司资源（protecting company resources）。其中，组织认同指员工积极地参与组织的各项活动，乐意向他人宣传组织的积极形象，并针对组织中存在的问题能够积极地表达自己的想法；利他行为指员工自发主动地帮助他人完成任务或解决问题；责任意识指员工做出超出组织对该角色最低要求的行为；人际和谐指员工会避免仅追求个体利益而损害他人或组织利益的行为；保护公司资源指员工会尽力避免滥用公司的资源。这一研究成果表明，中国情境下组织公民行为的维度与西方文化背景下组织公民行为的维度既存在交叉重叠的部分（如组织认同、利他行为和责任意识），又存在独特特殊的部分（如中国情境下的人际和谐和保护公司资源，西方文化背景下的运动员精神和谦恭有礼）。

随后，樊景立等学者采用相同的方法，于2004年探索了中国组织公民行为的维度划分，并提出了组织公民行为的十维结构，即个体主动性、助人行为、建言行为、参与集体活动、提升组织形象、自我培训、参与公益活动、保护和节约组织资源、保持工作场所整洁及人际和谐。前五个维度与西方文化背景下所识别的组织公民行为的维度相同，而后五个维度则是中国情境下所特有的。

综上所述，虽然组织公民行为在不同的文化背景下的表现形式有所差异，但总的来说，随着研究的深入，组织公民行为维度的划分越来越细，外延也越来越宽泛。但从具体研究的问题来看，学者们很少将组织公民行为的全部维度都纳入考虑范围，而是根据研究需要选择相应的维度进行较为深入地研究。

除选取特定的维度进行研究外，学者们还倾向于根据组织公民行为维度所包含的不同特征对各维度进行整合，具体而言，主要有如下四种整合方式：（1）依据行为的指向性或该行为的受益对象作为分类标准。例如，威廉姆斯等（Williams et al.，1991）将组织公民行为划分为指向个体的组织公民行为（OCBI）和指向组织的组织公民行为（OCBO）。樊景立（2004）将组织公民行为划分为指向自我（self）的组织公民行为、指向群体（group）的组织公民行为、指向组织（oganization）的组织公民行为及指向社会（society）的组织公民行为。（2）以组织公民行为的风险性特征作为分类标准。例如，范·戴因等（Van Dyne et al.，1998）依据个体展现出的组织公民行为风险程度的不同，将组织公民行为划分为亲和行为（affiliative behaviors）和挑战性行为（challenging behavior）。（3）以组织公民行为的目的作为分类标准。例如，德维特等（Dewett et al.，2007）依据个体实施组织公民行为目的不同，将组织公民行为划分为维持导向的组织公民行为（maintenance citizenship behavior）和变革导向的组织公民行为（change-related citizenship behavior）。（4）以焦点调节方式作为分类标准。例如，濑户等（Settoon et al.，2002）依据个体对组织公民行为焦点调节方式的不同，将组织公民行为划分为任务聚焦（task-focused）的组织公民行为和个体聚焦（person-focused）的组织公民行为。

考虑本书从组织社会化的视角探讨组织公民行为的动态变化趋势，故在组织公民行为的维度选取方面，选择了员工在组织社会化过程中较为看重的风险性特征作为组织公民行为维度划分的依据，即将组织公民行为划分为亲和行为和挑战性行为。其中，亲和行为被认为是个体通过促进和支持已有的工作流程并通过维持现有的人际关系来维持现状的行为，具体包括助人行为、谦恭有礼、主动加班等。挑战性行为被认为是个体通过质疑和提升已有的工作流程来挑战现状的行为，具体包括建言行为、推销议题及负责在工作场所实施结构性的变革等（Van Dyne et al.，1995；Grant et al.，2009）。由于亲和行为和挑战行为包含的内容较多，范围较广，因此，多数学者在研究亲和行为和挑战性行为时仅选择相对典型的组织公民行为进行探讨。在此，本书借鉴学者们的做法，并结合自身的研究基础，分别选择了亲和行为中的助人行为和挑战性行为中的建言行为进行研究。之所以如此，还有以下几个原因：（1）相对于其他形式的组织公民行为，助人行为和建言行为在组织中出现得更为普遍，特别是助人行为（Van Dyne et al.，1998）；（2）相对于运动员精神和责任意识等隐性行为，助人行为和建言行为等显性行为的展现更易被他人察觉（Van Dyne et al.，2008）；（3）助人行为和建言行为这两个构念在时间维度上比较具有稳定性（Van Dyne et al.，1998）；（4）员工表现出的助人行为与建言行为易与角色内绩效相区别；（5）现有研究在探讨亲和行为和挑战性行为时，也均以助人行为和建言行为为代表（Van Dyne et al.，2008；Kim，Van Dyne，

Kamdar & Johnson，2013；He，Zhou，Long，Huang & Hao，2018）。基于此，本书分别选取助人行为和建言行为作为亲和性组织公民行为和挑战性组织公民行为的代表，探究在组织社会化过程中风险性程度不同的组织公民行为的变化趋势的异同。

三、组织公民行为的测量

对组织公民行为的测量主要集中于探讨组织公民行为的测量量表和测量方式两个方面。从测量量表来看，目前学者们使用较多的量表有奥根等学者开发的五维量表、威廉姆斯（Williams）等学者开发的二维量表（OC-BI 和 OCBO）、范（Van）等学者开发的用于测量助人（亲和行为）和建言（挑战性行为）行为的二维量表及樊景立等学者开发的五维和十维量表。

从测量的方式来看，现有对组织公民行为的测量方式包括自我评价、领导评价和同事评价三种。其中，自我评价方式又被称为自评（self-rating），而领导评价和同事评价方式又被称为他评（other-rating）。这两种评价方式各有优缺点，对于员工自我评价而言，员工对自身所表现出的组织公民行为更为了解，因此，能够更为准确地评价自身组织公民行为的水平，但由于社会期许偏差等因素的影响，员工自评往往会高估自身的组织公民行为水平。他人评价的方式虽然能较好地解决社会期许偏差等因素所带来的评价主体行为被高估的问题，但由于他人所观察到的行为相对有限，无法准确反映员工所展现出的全部组织公民行为，因此从一定程度上而言，他人评价会相对低估员工实际表现出的组织公民行为（Allen et al.，2000；Carpenter et al.，2014）。由于自评和他评方式各有优缺点，因此，学者们在研究中通常依据实际情况来选择相应的评价方式。

四、组织公民行为的影响因素

由于组织公民行为对组织的生存与发展至关重要，因此，学者们对探究组织公民行为的影响因素投入了极大的热情，并取得了较为丰富的研究成果。这些研究成果中的绝大多数是基于静态的视角和横截面的数据得到的，在此，本书将其称之为静态模型；有少部分研究成果是基于动态模型和纵向数据得到的，在此，本书将其称之为动态模型。

1. 静态模型

现有对组织公民行为影响因素的研究大多聚焦于某一时点各因素对组织公民行为的影响，具体包括个体、领导、团队和组织等方面。对于个体因素，学者们主要探讨了个体特质、个体认知、情感等对组织公民行为的影响。其中个体特质因素主要包含主动性人格、大五人格、目标导向等（段锦云和钟建安，2009；Galletta & Portoghese，2012；Bergeron，Schroeder & Martinez，2013；谢俊和严鸣，2016；Saoula，Husna & Muhammad，2016），如段锦云等（2009）研究发现，大五人格中的宜人性和责任感对组织公民行为有显著的正向影响；加莱特等（Galletta et al.，2012）基于自我决定理论验证了个体学习型目标导向对组织公民行为的正向影响等。个体认知因素主要包括认知灵活性、认知风格、身份认知等（汪林、储小平和倪婧，2009；Mohammadi & Asadbeigi，2015；Meng & Armstrong，2017），如汪林等（2009）的研究表明个体的内部人身份认知对组织公民行为有显著的正向影响。情感因素主要包括情感承诺、情感体验、积极情感等（Spector & Fox，2002；Do & Yeh，2015；刘远和周祖城，2015；颜静、樊耘和张旭，2016），如杜等（Do，2015）基于社会交换理论发现员工的情感承诺对组织公民行为有显著的正向影响；斯派特等（Spector，et al.，2002）等学者的研究表明个体的积极情感能够正向预测个体的组织公民行为，而消极情感则负向预测个体的组织公民行为。

对于领导因素，现有研究主要集中于探讨领导风格、领导者个体特征及领导与下属的关系等对组织公民行为的影响。其中领导风格主要包括变革型领导、伦理型领导、家长式领导等（Stouten，Dijke，Mayer，Cremer & Euwema，2013；林声洙和杨百寅，2014；杨春江、蔡迎春和侯红旭，2015；Zhang，Huai & Xie，2015；Nasra & Heilbrunn，2016；郑晓明和王倩倩，2016），如纳斯拉等（Nasra et al.，2016）的研究表明变革型领导不仅能够直接促进下属的组织公民行为，还能通过影响员工的满意度间接影响员工的组织公民行为；林声洙等（2014）的研究表明家长式领导中的仁慈领导和德行领导对下属的组织公民行为有显著的正向影响，而威权领导则对下属的组织公民行为有显著的负向影响。领导者个体特征因素主要包括领导者情绪智力、领导者核心自我评价、领导者的个体特质等（唐春勇和潘妍，2010；Castro，Gomes & Sousa，2012；王震、孙健敏和张瑞娟，2012；张兰霞、张靓婷和裴亚寒，2017），如唐春勇等（2010）的研究表明领导者情绪智力对下属组织公民行为有显著的正向影响；张兰霞等（2017）的研究表明领导者任性和过度敏感特质对下属的组织公民行为有显著的负向影响，而领导者的自主特质则对下属的组织公民行为有显著的正向影响。领导与下属的关系因素主要包括领导—成员交换、领导—下属匹配等方面（曾垂凯，2012；Matta et al.，2014；Park & Kim，2015；Shin，Kim，Choi，Kim & Oh，2017），如玛塔等（Matta et al.，2014）研究表明领导与下属在领导成员交换关系方面的一致性匹配有利于下属组织公民行为的产生与发展；金昱元等（Yuhyung Shin et al.，2017）依据调节匹配理论，验证了领导与下属焦点调节的一致性对组织公民行为的促进作用。

对于团队因素，现有研究主要集中于团队特征、团队氛围及团队过程等对组织公民行为的影响。其中团队特征因素主要包括团队多样化、团队任务互依性、团队类型等（Nielsen，Bachrach，Sundstrom & Halfhill，2010；Lai，Lam & Chow，2015；任菲，2016），如莱等（Lai et al.，2015）研究表明团队成员间的人格特质越相近，团队成员越易展现出指向个体和指向组织的组织公民行为。尼尔森等（Nielsen et al，2010）基于资源分配理论发现任务互依性较高的团队，团队成员的组织公民行为水平较高，而任务互依性较低的团队，团队成员的组织公民行为水平较低。团队氛围因素主要包括公平氛围、关系氛围、参与氛围等（Zhou & An，2011；Mohr，Benzer & Young，2013；Mo & Shi，2017），如莫申江等（Mo et al.，2017）研究发现，团队成员对团队程序公平的感知能够有效预测团队成员的组织公民行为。团队过程因素主要包括团队共享心智模型、团队交互记忆系统等（Bachrach，Hood & Stoutner，2015；Han & Hovav，2016），如韩金英等（Han et al.，2016）研究表明团队共享心智模型对团队成员组织公民行为有显著的正向影响。巴赫拉等（Bachrach et al.，2015）的研究表明团队交互记忆系统有利于提高团队成员实施组织公民行为的有效性。

对于组织因素，现有研究主要集中于组织战略和组织氛围等对组织公民行为的影响。其中组织战略因素主要包括薪酬战略、职业生涯管理、人力资源管理实践、企业社会责任等（寇美玲，2012；刘远等，2015；Nielsen，2015；Joseph，2016；Ahmed，2016），如约瑟夫（Joseph，2016）的研究表明员工感知到的薪酬公平水平能够显著地影响员工的组织公民行为；艾哈迈德（Ahmed，2016）的研究表明人力资源管理实践能够正向影响员工的组织公民行为；刘远等（2015）的研究发现员工感知的企业社会责任能够通过提升其内在的情感承诺进而促进员工的组织公民行为。组织氛围因素主要包括组织文化、组织伦理氛围、组织公平氛围等（Li，Qu & Ren，2012；Harwiki，2013；余璇和陈维政，2015），如哈维基（Harwiki，2013）的研究表明组织文化对员工的组织公民行为及员工的工作绩效具有显著的预测作用；余璇等（2015）依据社会信息加工理论和情绪事件理论，发现关怀导向和规则导向的伦理氛围对组织公民行为有显著的正向影响。

2. 动态模型

相较于静态模型，对组织公民行为动态性的研究十分有限，在有限的动态性文献中，大多数学者探讨组织公民行为单向的因果关系，即将组织公民行为作为自变量或因变量，来探讨两个时点间严谨的因果关系。例如，维戈达等（Vigoda et al.，2007）研究发现，领导对于工作的反馈，有利于增强员工接下来的组织公民行为。唐纳森等（Donaldson et al.，2000）的研究表明，工作场所中的师徒关系能够有效预测员工接下来的组织公民行为。布莱克利等（Blakely et al.，2003）的研究发现，自我监管能够有效地预测员工接下来的组织公民行为。寇易等（Koys et al.，2001）的研究表明，组织公民行为的展现能够有效预测接下来组织的效率。

对于采用重复测量的纵向研究，学者们大多以相对短期的时间跨度作为组织公民行为动态性研究的基础。例如，格洛姆等（Glomb et al.，2011）依据情绪管理理论，采用经验数据法对管理者和员工进行了为期三周的调查，发现利他行为的实施能够引发后续的积极情感，同时外向型的个体在实施利他行为后能够在后续体验到更多的积极情感。伊利斯等（Ilies et al.，2006）基于67名员工为期三周的调查发现，个体的积极情感和工作满意度能够稳定地正向影响个体的组织公民行为。库普曼等（Koopman et al. ，2016）依据认知—情感过程框架和资源保存理论，采用经验数据法对 82 名员工进行了为期十天的调查，发现个体的组织公民行为能够通过影响个体每日的积极情感进而影响个体的幸福感。上述研究虽然为组织公民行为的变化性提供了理论支持，但还没有研究关注组织公民行为随时间的变化性，即组织公民行为的变化趋势。而了解组织公民行为的变化趋势，能够为更好地激发员工的组织公民行为提供可参考的框架，因此，探究组织公民行为的变化趋势不仅有利于弥补现有研究的不足，而且为进一步深化组织公民行为理论提供了依据。

五、助人行为

（一）助人行为的内涵

对工作场所助人行为的研究是伴随着组织公民行为维度的划分而得到重视，其概念内涵也随着组织公民行为研究的深入而深化。助人行为作为一种典型的亲和行为最早由范·达因等（Van Dyne et al. ，1995）提出，他们将助人行为定义为员工在工作场所自愿帮助其他同事的行为。随后，波德萨科夫等（Podsakoff et al. ，2000）在对组织公民行为的相关维度进行系统性综述的基础上，对助人行为的概念进行了进一步完善，其认为助人行为是指员工自愿地帮助他人预防和解决工作中相关问题的行为。波德萨科夫指出助人行为的定义包含两方面内容，一是自愿地帮助他人解决工作中存在的问题，这一内涵涵盖了奥根等学者提出的利他主义、格雷厄姆（Graham）等学者提出的人际互助、威廉姆斯等学者提出的指向个体的组织公民行为、范·斯科特等学者提出的人际促进乔治（George）等学者提出的帮助他人的概念。二是帮助同事预防工作中相关问题的产生，这一内涵涵盖了奥根等学者提出的谦恭有礼的概念。虽然助人行为的内涵所涵盖的内容较广，但已有的实证研究表明，助人行为是一个单维构念，不同形式的助人行为均负载于同一因子。

（二）助人行为的测量

目前，学术界对助人行为的测量通常采用问卷调查法和实验法两种方式。其中，在问卷调查法中使用较多的量表有范·达因（Van Dyne，1998）开发的 7 条目量表、法奇等（Farch et al.，1997）开发的 4 条目量表及威廉姆斯等（Williams et al.，1991）开发的 7 条目量表。

助人行为的测量方式与组织公民行为的测量方式相一致，包括自我评价、领导评价和同事评价三种。由于助人行为是一种社会期许性行为，因此，以自我评价方式测量的助人行为可能会高估员工的助人水平。对于他评而言，相对于领导对员工助人行为的评价，同事对员工助人行为的评价则更为准确，这是因为助人行为一般是指向同事的，领导在某些情况下可能无法观察到员工的助人行为，从而导致出现员工助人行为水平被低估的现象。虽然助人行为的评价方式存在细微的优劣之分，但已有的研究表明上述三种评价方式并无显著性差异（Carpenter et al.，2014），因此，学者们应根据自身的研究需要选择不同的评价方式对助人行为进行测量。

（三）助人行为研究的理论基础

1. 社会交换理论

社会交换理论是组织公民行为研究中使用最为广泛的理论之一。该理论认为人与人之间的互惠/交换是基于个体对未来互惠收益的预期（Blau，1964），这种互惠既存在于同事间（横向交互）也存在于上下级之间（纵向交换）。助人行为作为个体与他人的一种重要的互惠行为，其表现程度与社会交换的水平密切相关（Göbel，Vogel & Weber，2013）。已有研究表明高质量的社会关系（Van Dyne et al.，2008）、高等级的社会支持（Camara，Bacigalupe & Padilla，2014）及高水平的组织公平氛围（Naumann & Bennett，2000）等均会促进员工的助人行为。这些研究表明，助人行为是个体对现有环境积极体验的响应。此外，在不考虑个体与同事、上级、组织社会交换水平高低的情况下，个体助人行为的实施是以个体对未来互惠收益的预期而展开的。因此，总的来说，个体助人行为的展现与社会交换理论关系紧密。

2. 社会规范理论

社会规范是人与人之间社会关系的一种行为规范，隐性地规定了在特定情形下人们该做出何种表现（汪鸿昌、廖雪华和肖静华，2014），如在公交车上应主动给老弱病残孕让座、捡到东西要主动归还失主等。助人行为隐含的社会规范分别是互惠道德规范（moral norm of reciprocity）和社会责任规范（social-responsibility norm），其中互惠道德规范指出人们应该去帮助那些曾经帮助过我们的人，而不应该伤害他们（Alvin，1960）。社会责任规范则指出人们应该去帮助那些需要并且是值得帮助的人（Berkowitz，1972）。由此可见，社会规范原则在一定程度上也会影响个体的助人行为。

3. 功能动机理论

动机是激发和维持个体行为的内在驱动力。与动机相关的理论较多，如自我决定理论、唤醒理论、认知理论和功能动机理论等。其中与助人行为密切相关的理论是功能动机理论。功能动机理论强调助人行为的产生是为了满足个体利他（Grant，2008）或利己（Penner，Midili & Kegelmeyer，1997）的动机。如已有的研究表明亲社会动机（利他）和印象管理动机（利己）（Kim et al.，2013）等均会促进个体助人行为的产生。虽然不同的动机均能够导致助人行为的产生，但个体不同的动机会使其对助人行为结果的预期和连续性方面产生差异。对于利己动机而言，助人行为是为了满足自身的需求，关注自身的发展，因此，该行为会更加持久。而对于利他动机而言，个体主要关注的是组织或他人的利益，一旦外界需求消失，该行为便会消失（Spitzmuller & Van Dyne，2013）。

六、建言行为

（一）建言行为的内涵

建言行为作为组织公民行为又一重要的维度，其研究也是伴随着组织公民行为维度的划分而得到重视，其内涵也是随着组织公民行为研究的深入而进一步深化。建言行为作为一种典型的挑战性行为最早由范·达因等学者（1998）提出，他们将建言行为定义为一种主动表达建设性意见的行为，其目的在于提升组织绩效。在随后的研究中，范·达因等学者（2001）对该定义进行了改进，其将建言行为定义为一种以改善环境为目的、向组织自发主动提出的、富有建设性的人际沟通行为。这一定义也得到了学者们的普遍认同。从范·达因等学者的定义可以看出，建言行为有以下三个特点：（1）建言行为是员工的主动性行为，其不在组织的规定范围内，没有硬性要求；（2）建言行为是一种口头表述行为，信息往往从一名发出者传递到一名或多名接受者；（3）建言行为的目的往往是为了改变现状，为个体和组织带来积极影响。

（二）建言行为的测量

目前学术界对建言行为通常采用问卷调查法进行测量。其中使用较多的量表有范·达因等学者（1998）开发的6条目量表及梁等（Liang et al.，2012）开发的10题项量表。

建言行为的测量方式与助人行为和组织公民行为相一致，包括自我评价、领导评价和同事评价三种。虽然建言行为具有一定的风险性，但其仍然是一种社会期许行为，因此，以自我评价的方式测量可能会高估员工的建言水平。对于他评而言，相对于同事对员工建言行为的评价，领导对员工建言行为的评价则更为准确，这是因为建言行为一般是指向上级领导的，同事在某些情形下可能无法观察到员工的建言行为，从而导致员工建言行为水平被低估的现象。虽然建言行为的评价方式存在细微的优劣之分，但已有的研究表明上述三种评价方式并无显著性差异（Carpenter et al.，2014），因此，学者们应根据自身的研究需要选择不同的评价方式对建言行为进行测量。

（三）建言行为研究的理论基础

1. 社会交换理论

与助人行为类似，社会交换理论也是建言行为研究中使用最为广泛的理论之一。从社会交换理论的视角出发，员工之所以表现出建言行为，一方面是因为组织给予了员工相应的关怀和支持，从而使得员工产生了回报组织的动机和责任感（Cropanzano & Mitchell，2005）；另一方面是因为员工期望通过建言行为来获取相应的互惠收益（如员工通过建言行为能够给领导留下关心组织的好印象从而获得较高的绩效评价水平（Thompson，2005）；再如基于互惠规范，员工通过主动地表达自己的观点能够从他人那里获取有价值的信息（邓今朝，2010））。可见，社会交换理论主要从他人导向的角度阐述了员工建言行为的产生与发展，基于社会交换理论，员工建言行为的产生既是对现有环境积极体验的响应，又是对未来互惠收益的预期。

2. 资源保存理论

与社会交换理论不同，资源保存理论则从自我导向的角度阐述了员工建言行为的产生与发展。资源保存理论认为个体的资源（包括时间、精力、体力等）是有限的，个体会倾向于保护和维持自身有限的资源，避免资源的过度损耗（Hobfoll，1989）。在资源保存理论的视角下，个体建言行为的产生更易发生于资源充沛的情境下（如愉快的情境体验）而非资源损耗的情境下（如压力情境）（Ng et al.，2012）。这是因为在压力情境下，个体需要消耗资源来应对压力，从而没有过多的资源分配给其他角色外行为（如建言行为）。因此从资源保存的视角来看，建言行为的产生可以被视为是个体对自身所拥有资源的控制与管理。

3. 社会信息加工理论

社会信息加工理论指出个体的态度和行为与情境因素密切相关，个体会依据所处情境中的信息来判断自身行为的合理性（Salancik & Pfeffer，1978）。由于建言行为的风险性特征，员工在决定是否建言时会对建言行为的安全性做出判断，并据此决定是否建言。因此，员工建言行为的产生与情境因素密切相关。已有研究表明领导风格（刘生敏和廖建桥，2015）、组织信任（Ng & Feldman，2013）、组织参与氛围（Frazier，2009）等均会影响员工建言行为的产生与发展。可见，社会信息加工理论为人们从不同的情境理解员工建言行为的产生与发展提供了坚实的理论基础。

第五节　文献述评

通过对相关文献进行系统的梳理和回顾，本书发现现有对组织公民行为的研究已取得了较为丰富的研究成果，其研究层面遍布个体（如个体特质、个体认知和情感等）、领导（如领导风格、领导者个体特征和领导与

下属的关系等）、团队（如团队特征、团队氛围和团队过程等）和组织
（如组织战略和组织氛围等）；这些研究为理解组织公民行为的产生与发展
提供了强有力的支持。然而现有对组织公民行为的研究仍然存在有待完善
之处，具体体现在以下几个方面。

1. 动态研究相对较少且聚焦于探讨相对短期的组织公民行为的变化

现有对组织公民行为的研究大多以静态模型作为研究的基础，探讨在
某一特定的时点为什么一些员工相较于其他员工会表现出更多的组织公民
行为，以及如何激发组织公民行为的问题。虽然静态模型能够深化人们对
组织公民行为的理解，但是却无法解释组织公民行为随时间的变化性。动
态模型恰恰弥补了静态模型的不足，通过关注个体行为随时间的变化性，
能够有效预测组织公民行为的变化趋势。尽管已有学者呼吁，应深化对组
织公民行为动态变化过程的研究，但研究组织公民行为动态性的文献却十
分有限。在有限的组织公民行为动态研究的文章中，大多数学者使用每日
日记法探讨相对短期的情感、情绪等变量对个体组织公民行为的影响。虽
然每日日记法能够反映个体组织公民行为的变化性，但其只能描绘组织公
民行为在短期内的变化，变化幅度会存在较大波动，无法准确反映组织公
民行为相对长期的变化趋势。事实上，从长期来看，员工会发展或形成一
种相对稳定的行为模式以维持现状，这种稳定的行为模式仅会在受到持续
时间较长的重大冲击性事件时发生改变，因此，了解组织公民行为相对长
期的变化模式，为人们更好地理解和激发员工持续性的组织公民行为提供
了理论基础。

2. 忽视了组织社会化过程在塑造组织公民行为方面的作用

现有关注组织社会化与组织公民行为关系的研究中，学者们大多仅关
注具体的社会化内容对组织公民行为的影响。事实上，组织社会化是一个
动态演变的过程，仅关注具体的社会化内容对组织公民行为的影响，限制
了人们对二者间关系的理解。从组织社会化过程的视角分析组织公民行为
的变化趋势，对于人们理解组织社会化阶段组织公民行为的变化模式具有
重要的意义。此外，现有探讨组织社会化与组织公民行为的研究，大多仅
以新员工作为研究对象。虽然新员工成功的社会化对组织的生存与发展至
关重要，但这些研究忽略了同样会经历组织社会化过程的工作变更期员

工，该群体成功地社会化对组织的发展同样具有重要的价值。

3. 组织公民行为不同维度和测量方式间的动态比较分析有待探索

现有研究虽然探讨了组织公民行为的不同维度与其他变量间的因果关系，但这些研究均未从时间动态性的角度探究组织公民行为不同维度间变化趋势的异同。事实上，随着时间的推移，组织公民行为维度间的变化量并非是等同的，因此，对组织公民行为的维度进行区分，探究在组织社会化过程中，组织公民行为不同维度间变化趋势的异同，为人们更为细致地理解员工的组织公民行为，激发员工不同类型的组织公民行为提供了指导。此外，现有研究虽然证实了在采用单一时点测量的情形下，组织公民行为的自评和他评方式没有显著性的差异，但还没有研究探讨在重复测量的情境下，不同的测评方式是否会表现出相似的变化趋势及这一变化趋势是否存在显著性差异的问题，通过对该问题的回答有利于人们选择合适的测量方式以更加准确地反映组织公民行为的水平。

4. 缺乏从动态性的视角探究各因素对组织公民行为变化趋势的影响

虽然已有研究从多个视角论证了各因素对组织公民行为的影响，但这些研究均是以单一时点作为研究的基础，缺乏对动态影响效应的关注。虽然单一时点的研究能够解释为什么一些员工相较于另一些员工会表现出更多的组织公民行为，但是却无法解释情境因素对组织公民行为持续的影响效力，从而限制了人们对组织公民行为变化趋势的理解。

第三章 组织公民行为的动态变化趋势

组织公民行为是员工用于维持和增强组织的社会和心理环境以支持任务绩效的行为（Organ，1997）。组织公民行为的实施无论对员工自身还是对所在企业均具有重要的意义和价值。对员工自身而言，其实施的组织公民行为通常能够提升领导对其的绩效评价水平（Thompson，2005），提高他人对其的喜爱程度（Boulanger，2013）。对所在企业而言，员工展现出的组织公民行为能够提高企业的绩效水平，提升企业的决策效率（Park，2016）。正是因为组织公民行为对员工和企业均具有重要的价值与意义，因而引发了学术界和实业界的广泛关注，并取得了较为丰富的研究成果。在仔细梳理这些研究成果后不难发现，绝大多数文章以静态模型作为组织公民行为研究的基础，而从动态视角探究组织公民行为的文献较为少见。在为数不多的动态性文章中，学者们大多关注员工的情感、情绪等变量对其组织公民行为相对短期的影响（如几小时、几天或几周），较少有学者探讨组织公民行为相对长期的变化趋势。事实上，员工的组织公民行为不但是动态变化的，而且大多数组织公民行为的展现并不是个体短时间内的决定，其需要个体持续性的关注和能量输出，是长期积累的结果（Grant，2012）。因此，从动态的视角，探究相对较长一段时间内（如几个月或更长的时间）组织公民行为的动态变化更符合实际情境。基于此，本书拟从动态性的视角，探究相对较长一段时间内组织公民行为的变化规律，以进一步深化对组织公民行为的理解。

为了明晰员工在相对较长时间段内组织公民行为的变化规律，本书引入了组织社会化理论。组织社会化理论对于理解组织公民行为的变化趋势具有重要的意义。组织社会化理论指出，员工在组织中会经历不同的组织社会化过程，从新员工刚进入企业时的社会化阶段，到员工经历企业内部工作变更的再社会化阶段，再到熟悉已有的工作流程，体验到较少工作变化，无须再进行社会化的适应阶段。这三个阶段涵盖了员工职业生涯周期的全过程。已有研究表明，虽然大多数员工在企业中会发展或形成一种相对稳定的行为模式，但这一相对稳定的行为模式会因一些相对重大且对员工影响相对持久的事件而发生改变。组织社会化作为员工在组织中通常会经历的过程，其持续时间相对较长且对员工的冲击力相对较大，因此，相较于员工稳定的行为模式，员工在组织社会化阶段，组织公民行为会表现出不同于平常的变化模式。因此，依据组织社会化理论，本书按照员工社会化程度的不同，将员工划分为新员工、工作变更期员工和老员工三种类型，分别探究三种不同类型的组织公民行为的变化趋势及其彼此之间的异同。

鉴于组织公民行为是一个多维的构念，涵盖的内容较为丰富，因此，限于时间和精力及本书篇幅，本书不可能关注所有的组织公民行为。考虑到本书研究的侧重点在于从组织社会化的视角探讨组织公民行为的变化趋势，因此，选取了组织社会化过程中员工较为看重的风险性特征作为组织公民行为维度划分的标准，将组织公民行为划分为亲和性组织公民行为和挑战性组织公民行为。在此基础上，采用学者们通行的做法，分别选取了助人行为和建言行为作为亲和性组织公民行为和挑战性组织公民行为的代表展开深入研究。其中助人行为注重合作、人际交互且不会让人产生争议，而建言行为则关注对现状的改变，这一改变可能会损坏现有的人际关系，引发人际间的冲突。因此，相较于助人行为，建言行为存有更大的风险性（Van Dyne et al.，2008）。研究显示，与风险性较强的挑战性组织公民行为相比，员工更倾向于风险性较弱的亲和性组织公民行为（Van Dyne et al.，2008）。基于此，本书分别探究员工的助人行为和建言行为的变化趋势及其彼此之间的异同。

从现有研究成果来看，学者们在测量员工的组织公民行为时通常采用自评或他评两种方式（Carpenter et al.，2014）。顾名思义，所谓自评就是让员工本人对自己的组织公民行为进行评价；所谓他评就是让员工的上级或同事评价员工的组织公民行为。从理论上讲，因员工对自身所表现出来的组织公民行为较为了解，故自评方式应该能够较为准确地评价出组织公民行为的水平。然而，由于社会期许偏差等因素的影响，员工自评的结果往往会高估其自身的组织公民行为水平。他评方式虽然能较好地解决社会期许偏差等因素所带来的评价主体行为被高估的问题，但由于他人观察到的行为相对有限，无法准确地反映员工所展现的全部组织公民行为，因此，他评方式会相对低估员工的组织公民行为水平（Allen et al.，2000）。元分析结果表明，在评价组织公民行为方面，自评方式和他评方式并无显著性差异，但这一结果仅是基于将组织公民行为作为一个整体构念的静态研究成果得出的，且自评与他评的组织公民行为也仅仅是中等程度相关。这就在一定程度上说明，自评和他评方式在预测组织公民行为不同维度的变化趋势上可能会有所差异。因此，本书拟探究自评和他评两种测量方式下组织公民行为变化趋势的异同。

第一节　研究假设

一、新员工的组织公民行为动态变化趋势

新员工是组织社会化研究中关注的最为广泛的群体，通常被界定为入职不满 3 个月，对自身工作角色、所属团队及所在组织不完全了解，尚处于学习和适应阶段的员工群体。新员工的组织社会化过程可分为三个阶段，即进入企业前的初始预期形成阶段、社会化进程中的预期调整阶段以及内化后的真实预期达成阶段（Louis，1980；Feldman，1981）。新员工在经历上述三个不同的组织社会化阶段时，会表现出不同的行为模式。他们在刚进入企业时，会体验到较强的环境不确定性，无法立刻了解如何及怎样施展助人或建言等组织公民行为，因此，他们的组织公民行为自然而然会处于一个较低的水平（Methot et al.，2016）。随着组织社会化进程的推进，新员工对自身的角色需求开始明晰，能够主动寻求信息、探索环境并和同事有更为深入的交互行为以减少对环境的不确定感知，加速其组织社会化进程（Morrison，2002；Korte et al.，2013）。在这一过程中，他们逐

步意识到在企业中应该以何种方式施展助人行为或建言行为，因此，为了与他人构建良好的关系，向他人展示自身良好的形象，让他人认同自身的能力，并获取自身所需的信息和资源（Bauer et al.，2007），他们会主动实施助人行为和建言行为，因而随着组织社会化进程的推进，新员工的组织公民行为水平会有较大幅度的提升。这一推论与已有研究相一致，已有研究表明，新进入企业的员工会对自身环境有一个积极的预期，同时他们会忽视环境中的不利因素以降低负面环境因素对他们角色建构的干扰（Bauer et al.，2011）。在这种情境下，他们拥有较高的组织承诺（Ashforth，2001），也更乐于实施组织公民行为。因而在组织社会化初期阶段，新员工的组织公民行为水平会有较大幅度的提升。然而，随着组织社会化进程的不断深入，新员工会对企业有更为深刻的了解，此时企业中的一些不利因素会引发员工的关注。前景表明，个体对于损失的敏感程度要远大于等量的获得，即个体倾向于损失规避（Kahneman & Tversky，1979）。因此，在工作中负面信息的获得会给新员工带来利失感，且这种利失感要大于等量正面信息给新员工带来的利得感（Collins，2010），因此，负面信息的获得会减弱新员工的组织承诺，减少新员工的组织公民行为。此外，研究表明，当个体持续性地表现出高水平的组织公民行为时，员工不再认为组织公民行为是一种自愿性的行为而是一种被迫的行为，这种感知会增强员工的工作压力（Bolino & Turnley，2005；Lam，Wan & Roussin，2016），为减缓这一压力源，员工会适当降低自身的组织公民行为水平。因此，随着组织社会化进程的不断深入，新员工的组织公民行为水平会有所下降并最终趋于稳定。由此可见，随着组织社会化进程的不断深入，新员工的组织公民行为会呈现出先升后降的倒"U"型曲线模式。

综上所述，本书提出如下假设：

H1：随着组织社会化程度进程的不断深入，新员工的助人行为（H1a）和建言行为（H1b）均会呈现出先升后降的倒"U"型曲线模式。

二、工作变更期员工的组织公民行为动态变化趋势

工作变更期员工是指那些在现有企业有一定的工作经验，但在一个月

内经历了工作岗位的横向调整或纵向变动的员工。虽然这部分员工对企业的情况较为了解，但因工作岗位的变更，使他们可能需要学习新的工作技能、构建新的关系网络或适应新的文化环境（Feldman，1989），因而会经历与新员工组织社会化过程类似的再社会化的过程。再社会化的过程也可分为三个阶段，即进入新岗位前的初始预期形成阶段、再社会化进程中的预期调整阶段及适应后的真实预期达成阶段。虽然工作变更期员工再社会化的过程与新员工社会化的过程类似，但不同的是，工作变更期员工已经在组织中积累了一定的资源，建立起了自身的社会网络并且相对了解组织的规章制度和隐性规则（Feldman，1983），因此，在再社会化初期，工作变更期员工会在一定程度上了解该以何种方式表现助人和建言等组织公民行为，故其初始组织公民行为的水平相对新员工而言较高。随着再社会化进程的推进，工作变更期员工为了更快地获取与现有职位有关的信息和资源以及构建新的社会网络，员工会主动地实施助人和建言等组织公民行为，故随着再社会化进程的推进，与新员工类似，工作变更期员工组织公民行为的水平会有较大幅度的提升。然而，随着再社会进程的进一步加深，工作变更期员工对该职位有了更加深刻的了解，此时一些不利因素同样会引发员工的关注，在此过程中工作变更期员工不得不通过调整自身的预期来适配现有的环境。依据资源保存理论，此时工作变更期员工需分配相应的资源进行认知调整（Ng et al.，2012），故分配给组织公民行为的认知资源会相应地降低，从而使工作变更期员工的组织公民行为水平有所下降，并最终趋于稳定。由此，本书推论，与新员工组织公民行为变化趋势类似，工作变更期员工的组织公民行为也会呈现出先升后降的倒"U"型变化模式。

综上所述，本书提出如下假设：

H2：随着再社会化进程的不断深入，工作变更期员工的助人行为（H2a）和建言行为（H2b）均会呈现先升后降的倒"U"型曲线模式。

三、老员工的组织公民行为动态变化趋势

与新员工和工作变更期员工相比，老员工的工作职责相对稳定，工作

性质变动较小。他们在组织中对自身的角色认知较为清晰，同时已经建立了较为完善的社会网络，并对组织规章制度的了解较为全面，故其行为模式相对稳定。研究表明，随着个体工作经验的积累和信息获取数量的增加，个体的不确定性感知会逐渐降低，对环境的预测能力会逐渐升高，此时个体倾向于在组织中表现出一种相对稳定的行为模式以维持现状（Ashforth et al.，1997；Methot et al.，2016）。因此，老员工无须通过施展较强的组织公民行为来理解环境、构建关系。由此，本书推断，老员工的组织公民行为水平会较为稳定且均衡，波动幅度不大。

综上所述，本书提出如下假设：

H3：随着时间的推移，老员工的助人行为（H3a）和建言行为（H3b）均会呈现出相对稳定且平缓的线性变化模式。

四、不同类型员工的组织公民行为动态变化趋势的比较

从原则上讲，不同类型员工的组织公民行为变化趋势动态模型的比较应该涉及三种不同类型的员工，即新员工、工作变更期员工和老员工。但因上述推理可知，新员工和工作变更期员工的组织公民行为呈现曲线的变化模式，而老员工的组织公民行为则呈现线性的变化模式。可见，只有新员工和工作变更期员工的组织公民行为具有可比性。因此，在此本书仅关注新员工和工作变更期员工组织公民行为变化趋势的动态模型的比较。拉瓦克（Latack et al.，1984）指出，个体在社会化和再社会化阶段所体验到的不确定性程度会有所差异，这是因为不同程度的社会化或职业转变带给个体的冲击力是不同的。对于那些经历较强冲击力的个体而言，其所体验到的不确定性和压力感相对较高，此时个体的调整周期相对较长，且其行为的变化幅度相对较大（Pinder & Schroder，1984）。考虑到社会化和再社会化过程对组织公民行为的影响差异，本书认为，有必要对经历社会化和再社会化的员工进行区分，以明晰社会化程度不同的组织公民行为变化趋势的异同。与新员工相比，工作变更期员工所体验到的不确定性和压力感相对较小，这是因为他们已经在组织中积累了一定的资源，构建了相应的社会网络并相对熟悉组织的规章制度和隐性规则（Feldman，1989），因而

能够相对快速适应新的工作需求，经历相对较短的调整/适应周期，因此，组织公民行为的变化幅度相对较小。已有研究表明，与新员工相比，经历再社会化员工的行为和认知的调整幅度通常较小（Van，1983）。

综上所述，本书提出如下假设：

H4：与新员工相比，工作变更期员工的助人行为（H4a）和建言行为（H4b）的变化幅度较小。

五、不同维度员工的组织公民行为动态变化趋势的比较

这里的不同维度的组织公民行为是就前文提到的助人行为和建言行为而言的。研究表明，虽然员工会展现出不同类型的组织公民行为，但对每种类型的组织公民行为的展现意愿和多少是不同的，对有些类型的组织公民行为会有较强的展现欲望，如助人行为，而对另一些类型的组织公民行为则表现出较少的兴趣，如建言行为（Settoon et al.，2002）。由于员工展现助人行为和建言行为所面对的风险程度不同，因此，无论是正在经历组织社会化的新员工还是正在经历组织再社会化的工作变更期员工的助人行为和建言行为的变化趋势均会存在一定的差异。具体地讲，经历组织社会化的新员工和组织再社会化的工作变更期员工均面临着较高的环境不确定性和较强的压力感知，并伴有一定程度的焦虑，此时虽然这些员工有能力针对某一问题或现象提供较为独到的见解，但考虑到这一行为有可能会破坏现有的人际关系，招来他人的反感，他们通常会选择沉默（Wesche & Teichmann，2016）。相反，由于助人行为的风险性较小，且能够有利于员工构建人际关系，获取相应的信息和资源，并给他人留下好印象，因此，无论是正在经历组织社会化的新员工还是正在经历组织再社会化的工作变更期员工均会展现出较多的助人行为，且在相同时间段内助人行为的变化幅度要大于建言行为的变化幅度。与新员工和工作变更期员工相比，虽然老员工的行为模式相对稳定，但他们也不愿意展现出风险程度较高的建言行为，以破坏现有的人际关系，也更倾向于表现出风险程度较小的助人行为。

综上所述，本书提出如下假设：

H5：与风险程度较高的建言行为相比，无论是新员工、工作变更期员工还是老员工均会倾向于展现更多的助人行为（H5a），且助人行为的变化幅度更大（H5b）。

六、不同测量方式的组织公民行为动态变化趋势的比较

这里的不同测量方式是就前文提到的自评和他评而言的。顾名思义，自评的主体就是员工自己；他评的主体则是除员工本人以外的其他人，包括主管领导、平级的同事及员工的下属。主管领导不但能够对员工的行为表现和业绩水平做出相对客观的评价，而且能够相对准确地区分开员工的角色内行为和角色外行为（Van Dyne et al. , 1998；Carpenter et al. , 2014），因此，本书选择主管领导作为组织公民行为他评方式的评价主体。

已有的元分析结果表明，在评价组织公民行为方面，自评方式和他评方式并无显著性差异（Van Dyne et al. , 1998），但这一结果仅是基于将组织公民行为作为一个整体构念的静态研究成果得出的，且自评与他评的组织公民行为也仅仅是中等程度相关。这在一定程度上说明，自评和他评方式可能会对组织公民行为的变化模式产生不同的影响。无论是正在经历组织社会化的新员工还是正在经历组织再社会化的工作变更期员工，均会通过展现出较高水平的助人行为或建言行为以给领导留下好印象，在这种情境下，主管领导无法准确地区分和评价员工助人行为和建言行为的变化性，从而导致主管领导评价的组织公民行为的曲线变化率较小且水平较高。这一推论与已有研究相一致。已有研究表明，员工为给领导留下好印象，会在领导面前积极地展现组织公民行为，从而导致领导高估组织公民行为的水平（Bilino, Varela & Bande, 2006）。由此可以推断，与自评方式相比，领导评价方式下的新员工和工作变更期员工助人行为和建言行为的曲线变化率较小且水平较高。而对于老员工而言，由于相对较长时间的相处，主管领导对老员工的行为模式较为了解，因而能够较为准确地评价老员工组织公民行为的变化。

综上所述，本书提出如下假设：

H6：与自评方式相比，领导评价的新员工和工作变更期员工助人行为
（H6a）和建言行为（H6b）的变化幅度较小且水平较高；领导评价的老员工的助人行为（H6c）和建言行为（H6d）的变化趋势没有显著差异。

第二节　研究设计

由于书中变量的测量均采用国外的成熟量表，虽然大部分已被验证具有跨文化的有效性，但为进一步保证这些量表在我国情境下的适用性，笔者首先邀请了两名管理学博士和两名英语专业硕士对量表进行了翻译—回译工作，并邀请了一位管理学专家对翻译后的量表进行了审查；然后进行了小样本的预测试，通过检验各量表的信效度判断其有效性；最后依据专家的建议和信效度检验结果，对量表的题项进行修改或删减，形成正式问卷。

一、初始问卷的设计

初始问卷主要包括基本信息和主体问卷两个部分。

基本信息部分主要由人口统计学变量构成。通过对高质量文献的阅读和整理，结合本研究的实际情况，本书选择性别、年龄、教育程度和工作岗位等人口统计学变量作为本书的控制变量。

主体问卷部分的题项均由单选题构成，并采用李克特 7 点量表进行测量，"1"代表完全不符合，"7"代表完全符合，"2、3、4、5、6"分别代表不符合、有点不符合、不确定、有点符合、符合。主体问卷主要包括：

（1）助人行为：本书采用波德萨科夫（1997）等学者开发的单维量表测量员工的助人行为。该量表共包含 7 个题项，代表性题目如"当其他同事出现矛盾时，我会出面调解""我愿意花费额外时间去帮助在工作中遇到困难的同事""我会鼓励情绪低落的同事"等。

（2）建言行为：本书采用范·达因（1998）等学者设计的单维量表测

量员工的建言行为。该量表共包含 6 个题项，代表性题目如"即使有不同甚至反对的意见，我也要把自己的看法与同事交流""我会就工作中的新方案提出自己的建议""我能够发现工作中存在的问题并对此提出建议"等。

（3）任务绩效：本书采用巴赫拉等（Bachrach et al.，2010）设计的单维量表测量员工的任务绩效。该量表共包含 5 个题项，代表性题目如"我能够完成所期望的工作任务""我能够达到工作绩效的要求""我能够履行工作说明书中明确提及的责任"等。

（4）领导成员交换关系：本书采用乌尔宾（Uhlbien，1995）学者设计的单维量表测量员工的领导成员交换关系。该量表共包含 7 个题项，代表性题目如"我很清楚我的主管是否满意我的工作表现""我的主管了解我在工作上的问题和需要""我的主管会运用自身的职权来帮我解决工作中所遇到的问题"等。

除基本信息部分的人口统计学变量外，本书还将任务绩效和 LMX 作为控制变量（Deluga，2011；Bergeron，Shipp，Rosen & Furst，2012），这是因为先前的研究表明任务绩效和领导成员交换关系均会对组织公民行为的展现产生重要的影响，因此为保证研究结论的可靠性，本书也对这两个变量进行了控制。

本章的初始问卷见附件 1 中的 A 部分与 B 部分。

二、小样本预测试

本书主要采用问卷调查法收集数据，虽然在量表的设计阶段，本书选取的均是国外的成熟量表，同时在对这些英文量表进行翻译—回译的过程中也尽量依据我国的文化情境和语言特点进行了对译，并尽量选取了一些通俗易懂的措辞来增强被试的可理解性，但量表仍然可能会存在一些不理想的状况，如某些题项可能不适合我国情境等。因此，本书拟通过小样本的预测试对量表的适切性进行检验，以确保数据收集的有效性。初始问卷的发放采用现场发放的方式，选取了沈阳市某大型国有企业作为问卷发放的单位。在初始问卷发放前，笔者先和该企业的人力资源管理部门负责人取得联系，在征得其同意之后，与其就问卷的发放方式、流程等事宜进行了详细沟通；然后由该负责人组织问卷发放。本次共发放问卷 350 份，回收问卷 322 份，在剔除了空缺题项过多及填答题项连续重复的无效问卷后，剩余问卷 289 份，问卷有效回收率为 89.8%。预测试样本的描述性统计分析如表 3 - 1 所示。由表 3 - 1 可知，预测试样本在性别、年龄、学历和工作岗位等人口统计学变量上的区间分布均相对合理。

表 3 - 1   人口统计学变量的描述性统计（N = 289）

变量	类型	频次	百分比（%）	累计百分比（%）	均值	标准差
性别	男	164	56.9	56.9		
	女	124	43.1	100.0		
年龄	连续变量				34.1	6.3
学历	高中、中专或技校	26	9.0	9.0		
	大专	36	12.5	21.5		
	大学本科	158	54.9	76.4		
	硕士研究生	41	14.2	90.6		
	博士研究生	27	9.4	100.0		
工作岗位	市场/销售	48	16.7	16.7		
	研发/设计	108	37.5	54.2		
	行政/管理/财务	66	22.9	77.1		
	技术/实施	34	11.8	88.9		
	售后/服务	32	11.1	100.0		

（一）项目分析

项目分析重点包含两部分内容，分别是决断值分析和题项与总分的相关性分析。决断值分析主要是通过对被试进行分组来检验被试在高低分情况下每个题项的差异。一个较佳题项的高低分组在该题项上的得分差异应该是显著的。决断值分析的具体步骤如下：首先对各量表的总分按照升序和降序两种方式进行排序。然后将升序和降序的排序结果分别选取 27% 处的分数作为划分标准，将样本分成高低两组。最后对分组后的结构进行独立样本 T 检验，以验证高低两组在每个题项上的差异，T 检验结果若显著则表明该题项具有鉴别度，无须删除或进行修正；若 T 检验结果不显著，则表明该题项需删除或进行修正。

　　决断值分析主要以两个极端组作为比较对象，比较结果的差异值称为决断值。除了以极端组作为项目分析指标外，项目分析还可以采用同质性检验方法作为题项筛选的标准，题项与总分的相关性分析便是一种同质性的检验方法。该检验方法表明，一个题项与总分的相关性越高，则表明该题项与量表的同质性越高，其所测量的行为、特质或特征就越接近。在题项与总分的相关性分析中，除要求单个题项与总分的相关系数显著外，还要求该相关系数必须中高度相关，即相关系数应大于 0.4（吴明隆，2009）。

　　1. 助人行为量表的项目分析

　　助人行为量表各题项决断值分析结果如表 3－2 所示。表 3－2 显示，助人行为各题项的独立样本 T 检验结果均达显著水平，这说明，助人行为量表的题项具有较强的鉴别度，无须删除任何题项。

表 3－2　　　　　　　　　助人行为量表的独立样本 T 检验

题项	T 检验
助人行为 1	15.814 ***
助人行为 2	13.942 ***
助人行为 3	14.205 ***
助人行为 4	13.940 ***
助人行为 5	17.074 ***
助人行为 6	16.873 ***
助人行为 7	15.630 ***

注：*** p < 0.001（双侧检验）。

　　助人行为量表各题项与其总分的相关性分析如表 3－3 所示。表 3－3 显示，助人行为量表的各题项与总分的相关性均达显著水平，且相关系数均大于 0.4，说明助人行为量表的各题项与其总分之间的同质性较高，无须删除任何题项。

表 3 - 3　　　　　　　助人行为量表各题项与总分的相关分析

题项	R
助人行为 1	0. 753 **
助人行为 2	0. 743 **
助人行为 3	0. 753 **
助人行为 4	0. 690 **
助人行为 5	0. 733 **
助人行为 6	0. 747 **
助人行为 7	0. 743 **

注：*** p < 0. 001 （双侧检验）。

2. 建言行为量表的项目分析

建言行为量表各题项决断值分析结果如表 3 - 4 所示。表 3 - 4 显示，建言行为各题项的独立样本 T 检验结果均达显著水平。这说明，建言行为量表的题项具有较强的鉴别度，无须删除任何题项。

表 3 - 4　　　　　　　建言行为量表的独立样本 T 检验

题项	T 检验
建言行为 1	19. 387 ***
建言行为 2	14. 684 ***
建言行为 3	17. 177 ***
建言行为 4	15. 270 ***
建言行为 5	16. 149 ***
建言行为 6	17. 140 ***

注：*** p < 0. 001 （双侧检验）。

建言行为量表各题项与其总分的相关性分析如表 3 - 5 所示。表 3 - 5 显示，建言行为量表各题项与总分的相关性均达显著水平，且相关系数均大于 0. 4。这说明，建言行为量表的各题项与其总分之间的同质性较高，无须删除任何题项。

表 3 – 5　　　　　　　建言行为量表各题项与总分的相关分析

题项	R
建言行为 1	0.827 **
建言行为 2	0.791 **
建言行为 3	0.789 **
建言行为 4	0.775 **
建言行为 5	0.773 **
建言行为 6	0.798 **

注：** p < 0.01（双侧检验）。

3. 任务绩效量表的项目分析

任务绩效量表各题项决断值分析的结果如表 3 – 6 所示。表 3 – 6 显示，任务绩效各题项的独立样本 T 检验结果均达显著水平。这说明，任务绩效量表的题项具有较强的鉴别度，无须删除任何题项。

表 3 – 6　　　　　　　任务绩效量表的独立样本 T 检验

题项	T 检验
任务绩效 1	14.361 ***
任务绩效 2	13.526 ***
任务绩效 3	15.532 ***
任务绩效 4	13.881 ***
任务绩效 5	14.445 ***

注：*** p < 0.001（双侧检验）。

任务绩效量表各题项与其总分的相关性分析如表 3 – 7 所示。表 3 – 7 显示，任务绩效量表的各题项与总分的相关性均达显著水平，且相关系数均大于 0.4。这说明，任务绩效量表的各题项与其总分之间的同质性较高，无须删除任何题项。

表 3 – 7　　　　　　　任务绩效量表各题项与总分的相关分析

题项	R
任务绩效 1	0.745 **
任务绩效 2	0.733 **
任务绩效 3	0.735 **
任务绩效 4	0.710 **
任务绩效 5	0.713 **

注：** p < 0.01（双侧检验）。

4. 领导成员交换量表（LMX）的项目分析

领导成员交换量表各题项决断值分析的结果如表 3 – 8 所示。表 3 – 8 表明，领导成员交换各题项的独立样本 T 检验结果均达显著水平。这说明，领导成员交换量表的题项具有较强的鉴别度，无须删除任何题项。

表 3 – 8　　　　　　　　领导成员交换量表的独立样本 T 检验

题项	T 检验
领导成员交换 1	16. 194 ***
领导成员交换 2	19. 625 ***
领导成员交换 3	14. 180 ***
领导成员交换 4	20. 489 ***
领导成员交换 5	14. 964 ***
领导成员交换 6	15. 188 ***
领导成员交换 7	15. 198 ***

注：*** $p < 0.001$（双侧检验）。

领导成员交换量表各题项与其总分的相关性分析如表 3 – 9 所示。表 3 – 9 表明，领导成员交换量表的各题项与总分的相关性均达显著水平，且相关系数均大于 0.4。这说明，领导成员交换量表的各题项与其总分之间的同质性较高，无须删除任何题项。

表 3 – 9　　　　　　　领导成员交换量表各题项与总分的相关分析

题项	R
领导成员交换 1	0. 793 **
领导成员交换 2	0. 794 **
领导成员交换 3	0. 749 **
领导成员交换 4	0. 821 **
领导成员交换 5	0. 747 **
领导成员交换 6	0. 770 **
领导成员交换 7	0. 775 **

注：** $p < 0.01$（双侧检验）。

（二）信度检验

信度是指测量被重复进行时所获得的结果间一致性或稳定性的程度（吴明隆，2009）。信度重点反应的是量表的可靠性程度。因此，为深入了解本书所关注的核心变量的量表的可靠性程度，需进行信度检验。现有学者均采用内部一致性系数来度量信度，该项指标可通过计算 Cronbach's α获得，Cronbach's α 系数越高意味着该量表的内部一致性系数越佳。Cronbach's 的具体判断标准如表 3 – 10 所示。

表 3 – 10   Cronbach's α 系数判断标准

Cronbach's α 系数	整个量表
$\alpha < 0.5$	非常不理想，舍弃不用
$0.5 \leqslant \alpha < 0.6$	不理想，重新编制或修订
$0.6 \leqslant \alpha < 0.7$	勉强接受，增列题项或修改语句
$0.7 \leqslant \alpha < 0.8$	可以接受
$0.8 \leqslant \alpha < 0.9$	佳，信度高
$\alpha \geqslant 0.9$	非常理想

本书采用 SPSS 20.0 分析量表的信度。在分析信度的过程中，SPSS 20.0 不仅能够产生 Cronbach's α 系数，而且能够产生各题项的修正项目总相关（CITC）。一个题项的修正项目总相关指量表内部某一题项与其余题项的积差相关系数，该积差相关系数越高表明该题项与其余题项的内部一致性程度越高。题项的修正项目总相关的判别标准是：$CITC > 0.5$。题项的修正项目总相关大于 0.5 表明该题项与其余题项的内部一致性程度较高，应予以保留。具体的分析过程如下：

1. 助人行为量表的信度分析

助人行为量表的信度分析结果如表 3 – 11 所示。表 3 – 11 显示，助人行为量表的 α 值为 0.860。根据表 3 – 10 的判断标准，助人行为量表的内部一致性系数达到"佳"的水平，同时助人行为量表各题项的 CITC 均大于 0.5，且删除个别题项都不能使量表信度得到提高，所以保留助人行为量表的全部题项。

表 3 – 11   助人行为量表内部一致性信度分析结果

题项	CITC	题项已删除时的 Cronbach's α 值	Cronbach's α 系数
助人行为 1	0.647	0.838	
助人行为 2	0.635	0.839	
助人行为 3	0.653	0.837	
助人行为 4	0.569	0.848	0.860
助人行为 5	0.616	0.842	
助人行为 6	0.635	0.839	
助人行为 7	0.635	0.839	

2. 建言行为量表的信度分析

建言行为量表的信度分析结果如表 3 – 12 所示。表 3 – 12 表明，建言行为量表的 α 值为 0.881。根据表 3 – 10 的判断标准，建言行为量表的内部一致性系数达到"佳"的水平，同时建言行为量表各题项的 CITC 均大于 0.5，且删除个别题项都不能使量表信度得到提高，所以保留建言行为量表的全部题项。

表 3 – 12   建言行为量表内部一致性信度分析结果

题项	CITC	题项已删除时的 Cronbach's α 值	Cronbach's α 系数
建言行为 1	0.741	0.852	
建言行为 2	0.691	0.860	
建言行为 3	0.688	0.861	
建言行为 4	0.665	0.865	0.881
建言行为 5	0.657	0.866	
建言行为 6	0.698	0.859	

3. 任务绩效量表的信度分析

任务绩效量表的信度分析结果如表 3 – 13 所示。表 3 – 13 表明，任务绩效量表的 α 值为 0.777。根据表 3 – 10 的判断标准，任务绩效量表的内部一致性系数达到可以接受的水平，同时任务绩效量表各题项的 CITC 均大于 0.5，且删除个别题项都不能使量表信度得到提高，所以保留任务绩效量表的全部题项。

表 3 – 13　　　　　任务绩效量表内部一致性信度分析结果

题项	CITC	题项已删除时的 Cronbach's α 值	Cronbach's α 系数
任务绩效 1	0.569	0.729	
任务绩效 2	0.545	0.738	
任务绩效 3	0.559	0.733	0.777
任务绩效 4	0.545	0.738	
任务绩效 5	0.535	0.741	

4. 领导成员交换量表的信度分析

领导成员交换量表的信度分析结果如表 3 – 14 所示。表 3 – 14 表明，领导成员交换量表的 α 值为 0.891。根据表 3 – 10 的判断标准，领导成员交换量表的内部一致性系数达到"佳"的水平，同时领导成员交换量表各题项的 CITC 均大于 0.5，且删除个别题项都不能使量表信度得到提高，所以保留领导成员交换量表的全部题项。

表 3 – 14　　　　领导成员交换量表内部一致性信度分析结果

题项	CITC	题项已删除时的 Cronbach's α 值	Cronbach's α 系数
领导成员交换 1	0.713	0.873	
领导成员交换 2	0.703	0.874	
领导成员交换 3	0.650	0.880	
领导成员交换 4	0.744	0.868	0.891
领导成员交换 5	0.646	0.880	
领导成员交换 6	0.672	0.877	
领导成员交换 7	0.689	0.875	

（三）效度检验

效度代表了量表有效性的程度，重点强调测量工具在多大程度上能够反映出研究人员所要测量概念的真实含义，即效度表明了测量工具所获得的测量数据与被试实际情况的差异程度（史静铮、莫显坤和孙振球，2012）。学者们常用的测量效度的指标有内容效度和结构效度两种。

内容效度又称表面效度，指的是量表中题目或内容的适切性与代表性。重点检验量表题项是否能反映所要测量的变量（吴明隆，2009）。目前关于内容效度的检验，并没有严谨的定量评价的方法可供参考，常用的方法是专家评阅法。本书所涉及的核心变量的测量均采用了国外的成熟量表，同时为进一步保证量表的适切性和题项的合理性，在量表拟定阶段，笔者请教了管理学领域的专家、学者及企业相关的管理人员，在听取他们的建议后对问卷进行了必要的修改，所以问卷具有良好的内容效度。

结构效度又称建构效度或理论效度，指的是量表能够测量出理论概念或内涵的程度。重点关注量表测量的结果能否反映预期的理论概念及变量的维度划分是否与理论中相一致的问题。对于结构效度的检验，一般采用因子分析法。在进行因子分析之前，首先要判断量表是否适合进行因子分析，这一过程主要关注 KMO 值和 Bartlett's 球体检验是否显著。依据恺撒（Kaiser）的观点，量表的 KMO 值大于 0.90 非常适合作因子分析，介于 0.80 ~ 0.90 之间则比较适合，介于 0.70 ~ 0.80 之间则可以接受，在 0.50 ~ 0.70 之间为一般，一旦处于 0.50 以下，则不宜进行因子分析（Kaiser & Rice，1974）。

结构效度包含两个检验指标，分别是收敛效度和区别效度。收敛效度是用来衡量同一维度或概念下各题项的关联程度，检验指标包含标准化因子载荷系数、累计方差贡献率和平均方差提取量（AVE）。标准化因子载荷系数指的是公因子与原变量间的关联程度，累计方差贡献率指的是公因子对量表方差有效解释的累计值，平均方差提取量指的是某特定维度下每个题项的标准化因子载荷系数平方的平均数。这三个指标的具体评价标准如下：针对标准化因子载荷系数，每一个题项在其对应公因子上的标准化因子载荷系数须大于 0.5，同时在其他公因子上的载荷系数须小于 0.5；针对累计方差贡献率，量表提出的公因子的数量应与理论设想的结构一致，且公因子的累计方差贡献率要大于 40%；针对平均方差提取量，该量表所提取出的每个维度的 AVE 值均需大于 0.5。

区别效度是用来测量某一维度与剩余维度在内容上的差别程度。通过比较每个维度的 AVE 值是否大于该维度与其他维度间的相关系数的平方值来判断其区别效度的高低。若该维度的 AVE 值大于该维度与其他维度间的相关系数的平方值，则说明这两个维度具有良好的区别效度。若是单维度则无须检验区别效度。

1. 助人行为量表的效度分析

在对助人行为量表进行因子分析之前，首先通过 KMO 和 Bartlett's 球形度检验来判断其是否适合进行因子分析。从表 3 – 15 可以看出，助人行为量表的 KMO 值为 0.911，Bartlett's 球形度检验达到了显著水平，说明助人行为量表适合进行因子分析。因子分析结果如表 3 – 16 所示。

表 3 – 15 助人行为量表 KMO 和 Bartlett 检验

KMO 值		0.911
Bartlett 球体检验	卡方统计值	710.240
	自由度	21.000
	显著性	0.000

从表 3 – 16 中可以看出，助人行为量表的因子分析共抽取一个因子，总方差的解释量为 54.428%（高于 40%），符合原量表单维度的构想，同时每个题项的标准化因子载荷系数均大于 0.5，且该量表的 AVE 值也大于 0.5，说明助人行为量表具有良好的收敛效度。

表 3 – 16 助人行为量表因子分析

题项	因素（标准化因子载荷）	AVE
	1	
助人行为 3	0.760	
助人行为 1	0.754	
助人行为 2	0.745	
助人行为 6	0.745	0.544
助人行为 7	0.745	
助人行为 5	0.729	
助人行为 4	0.684	
各因素方差解释量（%）	54.428	
总方差解释量（%）	54.428	

2. 建言行为量表的效度分析

在对建言行为量表进行因子分析之前，首先通过 KMO 和 Bartlett's 球形度检验来判断其是否适合进行因子分析。从表3-17可以看出，建言行为量表的KMO值为0.902，Bartlett's球形度检验达到了显著水平，说明建言行为量表适合进行因子分析。

表3-17　　　　　　建言行为量表 KMO 和 Bartlett 检验

KMO 值		0.902
Bartlett 球体检验	卡方统计值	787.311
	自由度	15.000
	显著性	0.000

从表3-18中可以看出，建言行为量表的因子分析共抽取一个因子，总方差的解释量为62.802%（高于40%），符合原量表单维度的构想，同时每个题项的标准化因子载荷系数均大于0.5，且该量表的AVE值也大于0.5，说明建言行为量表具有良好的收敛效度。

表3-18　　　　　　　建言行为量表因子分析

题项	因素（标准化因子载荷）	AVE
	1	
建言行为1	0.832	
建言行为6	0.799	
建言行为2	0.793	0.628
建言行为3	0.791	
建言行为4	0.772	
建言行为5	0.766	
各因素方差解释量（%）	62.802	
总方差解释量（%）	62.802	

3. 任务绩效量表的效度分析

在对任务绩效量表进行因子分析之前，首先通过KMO和Bartlett's球形度检验来判断其是否适合进行因子分析。从表3-19可以看出，任务绩效量表的KMO值为0.822，Bartlett's球形度检验达到了显著水平，说明任务绩效量表适合进行因子分析。因子分析结果如表3-20所示。

表 3 - 19　　　　　　　　　任务绩效量表 KMO 和 Bartlett 检验

KMO 值		0.822
Bartlett 球体检验	卡方统计值	333.606
	自由度	10.000
	显著性	0.000

从表 3 - 20 中可以看出，任务绩效量表的因子分析共抽取一个因子，总方差的解释量为 52.932%（高于 40%），符合原量表单维度的构想，同时每个题项的标准化因子载荷系数均大于 0.5，且该量表的 AVE 值也大于 0.5，说明任务绩效量表具有良好的收敛效度。

表 3 - 20　　　　　　　　　任务绩效量表因子分析

题项	因素（标准化因子载荷）	AVE
	1	
任务绩效 1	0.744	
任务绩效 3	0.734	
任务绩效 4	0.723	0.529
任务绩效 2	0.721	
任务绩效 5	0.715	
各因素方差解释量（%）	52.932	
总方差解释量（%）	52.932	

4. 领导成员交换量表的效度分析

在对领导成员交换量表进行因子分析之前，首先通过 KMO 和 Bartlett's 球形度检验来判断其是否适合进行因子分析。从表 3 - 21 可见，领导成员交换量表的 KMO 值为 0.927，Bartlett's 球形度检验达到了显著水平，说明领导成员交换量表适合进行因子分析。

表 3 - 21　　　　　　　　领导成员交换量表 KMO 和 Bartlett 检验

KMO 值		0.927
Bartlett 球体检验	卡方统计值	935.153
	自由度	21.000
	显著性	0.000

因子分析结果如表 3 - 22 所示。从表 3 - 22 中可以看出，领导成员交

换量表因子分析共抽取一个因子,总方差的解释量为 60.662% (高于
40%),符合原量表单维度的构想,同时每个题项的标准化因子载荷系数
均大于 0.5,且该量表的 AVE 值也大于 0.5,说明领导成员交换量表具有
良好的收敛效度。

表 3 – 22   领导成员交换量表因子分析

题项	因素（标准化因子载荷）	AVE
	1	
领导成员交换 4	0.824	
领导成员交换 1	0.799	
领导成员交换 2	0.791	
领导成员交换 7	0.780	0.607
领导成员交换 6	0.765	
领导成员交换 3	0.747	
领导成员交换 5	0.743	
各因素方差解释量（%）	60.662	
总方差解释量（%）	60.662	

通过上述的项目分析和信效度检验发现,助人行为、建言行为、任务
绩效和领导成员交换量表均具有良好的信效度。

三、正式问卷的形成

通过对初始问卷进行项目分析和信效度检验后,形成了具有良好信效
度的助人行为 (7 个题项)、建言行为 (6 个题项)、任务绩效 (5 个题项)
和领导成员交换关系 (7 个题项) 量表。在经过精心编辑和排版之后,形
成正式问卷,包括一份前测问卷 (见附件 2)、一份员工问卷 (见附件 3)、
一份领导问卷 (见附件 4)。

四、研究样本与数据采集

(一) 研究样本的选择

为保证数据收集的有效性和合理性,本书首先对行业进行了筛选,排

除了那些可能把员工助人行为和建言行为作为角色内行为的行业，如志愿者行业、咨询公司、审计及中介机构等。然后，考虑到纵向研究设计所需的人力物力成本较高，因此，本书拟选择一家大型企业作为调查对象，以排除企业性质、企业规模、所在行业及地域文化等变量对本书研究结论的影响。最后，经过反复的讨论与协商，本书选取了一家位于我国东部沿海地区的某大型合资企业（隶属于软件和信息技术服务业）作为调查对象。在过去的五年时间里（包含本书调研的一年时间），该企业与员工的关系较为稳定，企业的组织架构没有进行重大调整，企业文化与人力资源管理系统没有进行重大的变革，适宜于本书的纵向研究设计。

考虑到该企业大规模的员工招聘活动发生在春秋两季，尤其在秋季招聘员工较多，因此，本书以 2017 年 9 月入职的新员工为样本，探究新员工组织公民行为变化趋势。考虑到该企业大规模的工作岗位调整发生于每个财年末，因此，本书以 2018 年 2 月发生工作变动的员工作为样本，探究工作变更期员工组织公民行为的变化趋势。此外，本书随机选取了一些在某一岗位上工作超过一年的员工作为样本，以探究老员工组织公民行为的变化趋势。

（二）数据的采集

为保证数据采集的质量，研究人员先与企业主管领导取得联系，在获得新员工样本、工作变更期员工样本及老员工样本信息后，研究人员通过邮件将调查问卷发放至调查样本的邮箱之中。

新员工的数据采集时间与流程如下：研究人员于 2017 年 9 月通过邮件向新员工发放前测问卷；在前测问卷填答完一周以后，向新员工及其主管领导首次发放正式调查问卷，即新员工与主管领导的配对调查问卷；在接下来的一年时间内，每隔三个月发放一次调查问卷（如 12 月、3 月……依次类推），共发放 5 次调查问卷，每个时点配对问卷的回收情况分别是 446 份、429 份、475 份、469 份和 481 份，剔除填答数小于 4 个时点的样本，共获得有效配对问卷 356 份。

工作变更期员工的数据采集时间与流程如下：研究人员于 2018 年 2 月通过邮件向工作变更期员工发放前测问卷；在前测问卷填答完一周后向

工作变更期员工及其主管领导首次发放正式调查问卷，即工作变更期员工与主管领导的配对调查问卷；在接下来的一年时间内，每隔三个月左右的时间发放一次调查问卷（如5月、8月……依次类推），共发放5次调查问卷，每个时点配对问卷的回收情况分别是169份、154份、187份、171份和158份，剔除填答数小于4个时点的样本，共获得有效配对问卷135份。

为了调研的便利性，老员工问卷的发放时间与流程同工作变更期员工基本一致，在此不再赘述，每个时点配对问卷的回收情况分别是503份、524份、515份、488份和496份，剔除填答数小于4个时点的样本，共获得有效配对问卷407份。

第三节　数据分析与假设检验

一、样本描述性统计分析

样本的描述性统计分析主要针对的是问卷中的基本信息部分，包括频数分析和百分比分析。由于本书涉及新员工、工作变更期员工及老员工这三类员工群体，故本书将分别对三类不同的样本进行描述性统计分析，具体分析结果见表3-23、表3-24、表3-25。

表3-23　　新员工人口统计学变量的描述性统计（N=356）

变量	类型	频次	百分比（%）	累计百分比（%）	均值（岁）	标准差
性别	男	209	58.7	58.7		
	女	147	41.3	100.0		
年龄	连续变量				23.9	2.2
学历	高中、中专或技校	0	0	0		
	大专	13	3.7	3.7		
	大学本科	230	64.6	68.3		
	硕士研究生	83	23.3	91.6		
	博士研究生	30	8.4	100.0		

变量	类型	频次	百分比（%）	累计百分比（%）	均值（岁）	标准差
工作岗位	市场/销售	35	9.8	9.8		
	研发/设计	178	50.0	59.8		
	行政/管理/财务	36	10.1	69.9		
	技术/实施	71	19.9	89.9		
	售后/服务	36	10.1	100.0		

从表 3 - 23 可以看出，新员工样本中的男性占比为 58.7%，平均年龄为 23.9 岁，拥有大学本科和硕士研究生学历的分别占 64.6% 和 23.3%，在研发与技术岗位上工作的员工占比分别是 50% 和 19.9%。

从表 3 - 24 可以看出，工作变更期员工样本中的男性占 60.7%，平均年龄为 34.1 岁，拥有大学本科学历的为 43%，研发/设计和行政/管理/财务类员工的工作变动比重较大，分别占 31.9% 和 28.9%，其平均组织任期为 5.93 年。

表 3 - 24　工作变更期员工人口统计学变量的描述性统计（N = 135）

变量	类型	频次	百分比（%）	累计百分比（%）	均值（岁）	标准差
性别	男	82	60.7	60.7		
	女	53	39.3	100.0		
年龄	连续变量				34.1	6.5
学历	高中、中专或技校	15	11.1	11.1		
	大专	20	14.8	25.9		
	大学本科	58	43.0	68.9		
	硕士研究生	21	15.6	84.5		
	博士研究生	21	15.5	100.0		
工作岗位	市场/销售	26	19.3	19.3		
	研发/设计	43	31.9	51.2		
	行政/管理/财务	39	28.9	80.1		
	技术/实施	14	10.4	90.5		
	售后/服务	13	9.5	100.0		
企业任期	连续变量				5.93	4.5

从表 3 – 25 可以看出，老员工样本中男性占 58%，平均年龄 36.6 岁，拥有大学本科的占 60.7%，在研发/设计和行政/管理/财务部门工作的比例分别为 34.9% 和 25.1%，其平均组织任期为 5.44 年，职位任期为 2.86 年。

表 3 – 25　　　　老员工人口统计学变量的描述性统计（N = 407）

变量	类型	频次	百分比（%）	累计百分比（%）	均值（岁）	标准差
性别	男	236	58.0	58.0		
	女	171	42.0	100.0		
年龄	连续变量				36.6	4.2
学历	高中、中专或技校	28	6.9	6.9		
	大专	49	12.0	18.9		
	大学本科	247	60.7	79.6		
	硕士研究生	61	15.0	94.6		
	博士研究生	22	5.4	100.0		
工作岗位	市场/销售	81	19.9	19.9		
	研发/设计	142	34.9	54.8		
	行政/管理/财务	102	25.1	79.9		
	技术/实施	41	10.1	89.9		
	售后/服务	41	10.1	100.0		
企业任期	连续变量				5.44	2.4
职位任期	连续变量				2.86	0.9

二、信度检验

虽然本书之前已对初始问卷进行了信效度检验，但为保证问卷在测量的各个时点均具有较高的信效度，笔者对正式问卷所收集到的数据再一次进行了信度检验。信度检验结果如表 3 – 26 所示。

从表 3 – 26 可以看出，各变量在各个测量时点上测量到的数据 Cronbach's α 均大于 0.8，表明各量表均具有较高的信度。

表 3 – 26　　　　　　　　　　正式问卷信度检验结果

变量	Cronbach's α
建言行为（自评）	
T1	0.861
T2	0.806
T3	0.812
T4	0.864
T5	0.888
助人行为（自评）	
T1	0.913
T2	0.865
T3	0.844
T4	0.859
T5	0.863
建言行为（他评）	
T1	0.831
T2	0.817
T3	0.851
T4	0.868
T5	0.867
助人行为（他评）	
T1	0.883
T2	0.852
T3	0.817
T4	0.842
T5	0.861
任务绩效	
T1	0.923
T2	0.903
T3	0.885
T4	0.855
T5	0.843

变量	Cronbach's α
领导成员交换关系	
T1	0.910
T2	0.892
T3	0.896
T4	0.863
T5	0.863

注：T1~T5 分别表示 1~5 个测量时点。

三、变量的描述性统计分析及相关分析

变量的描述性统计分析主要关注变量的均值和标准差等方面，这些统计量能够在一定程度上反映变量的特征，如均值描述了变量的平均水平、标准差则描述了变量的离散程度。本书各变量的描述性统计分析见表 3-27。

变量间的相关分析是为了探讨变量间的相关关系，为后续的回归分析打下一定的基础。本章对纵向数据进行个体间的相关分析，以初步了解变量间的自相关程度及变量与变量间的关系，为回归分析提供基础。相关分析的结果通过显著性检验的概率值及相关系数来判定，其中相关系数的取值介于 -1~1 之间，相关系数为正则说明两个变量是正相关关系，为负则表明两个变量是负相关关系。两个变量间相关程度的大小取决于相关系数绝对值的大小，绝对值越大说明两个变量的相关性越强。判断变量间的相关关系是否达到显著要通过显著性检验来证明，若显著性检验中 P 值小于 0.05，则表明两个变量间的相关系数达到显著水平，此时两变量的相关关系是成立的。本章的相关分析见表 3-27。由于该表较大，在此仅报告核心变量间的相关关系，没有加入控制变量。

由表 3-27 可以看出，助人行为和建言行为的均值呈现出先升后降的模式，这从一定程度上印证了倒 "U" 型曲线关系的假设。同时，从自评和他评方式仅存在适中的相关关系可以看出，这两种测量方式在一定程度上对组织公民行为的预测效力有所差异。此外，不同维度的组织公民行为

表 3 - 27　各变量的均值、标准差和相关系数

变量	MN	SD	1	2	3	4	5	6	7	8	9	10	11	12	13	14	15	16	17	18	19	20
1. T1 SC	3.87	1.15	1																			
2. T2 SC	4.13	0.97	0.71**	1																		
3. T3 SC	4.26	0.98	0.60**	0.81**	1																	
4. T4 SC	4.22	1.13	0.60**	0.79**	0.82**	1																
5. T5 SC	4.08	1.23	0.61**	0.77**	0.77**	0.81**	1															
6. T1 OC	4.05	1.02	0.55**	0.39**	0.28**	0.34**	0.37**	1														
7. T2 OC	4.20	0.99	0.41**	0.52**	0.40**	0.45**	0.47**	0.70**	1													
8. T3 OC	4.29	1.07	0.36**	0.45**	0.55**	0.51**	0.49**	0.57**	0.78**	1												
9. T4 OC	4.32	1.12	0.34**	0.43**	0.46**	0.59**	0.49**	0.57**	0.75**	0.77**	1											
10. T5 OC	4.12	1.14	0.37**	0.42**	0.41**	0.49**	0.58**	0.60**	0.74**	0.73**	0.77**	1										
11. T1 SA	4.60	1.18	0.28**	0.26**	0.07*	0.15**	0.21**	0.23**	0.12**	-0.001	0.01	0.12**	1									
12. T2 SA	4.91	0.95	0.20**	0.27**	0.20**	0.25**	0.29**	0.14**	0.13**	0.10**	0.10**	0.16**	0.71**	1								
13. T3 SA	5.32	0.81	0.04	0.14**	0.22**	0.22**	0.24**	0.04	0.07	0.14**	0.14**	0.16**	0.40**	0.67**	1							
14. T4 SA	5.23	0.86	0.07*	0.18**	0.23**	0.26**	0.28**	0.05	0.09*	0.15**	0.14**	0.18**	0.40**	0.60**	0.74**	1						
15. T5 SA	4.82	0.94	0.13**	0.24**	0.21**	0.25**	0.29**	0.10**	0.13**	0.13**	0.14**	0.18**	0.53**	0.69**	0.66**	0.70**	1					
16. T1 OA	4.86	1.01	0.23**	0.18**	-0.01	0.05	0.12**	0.18**	0.12**	-0.04	-0.01	0.06	0.48**	0.35**	0.10**	0.13**	0.25**	1				
17. T2 OA	5.00	0.88	0.16**	0.20**	0.08**	0.14**	0.21**	0.08*	0.10**	0.01	0.04	0.10**	0.39**	0.42**	0.26**	0.32**	0.41**	0.75**	1			
18. T3 OA	5.22	0.77	0.06	0.15**	0.14**	0.17**	0.17**	0.03	0.13**	0.11**	0.12**	0.13**	0.17**	0.35**	0.37**	0.38**	0.39**	0.49**	0.71**	1		
19. T4 OA	5.15	0.85	0.03	0.15**	0.14**	0.17**	0.18**	-0.03	0.08*	0.10**	0.12**	0.12**	0.10**	0.34**	0.37**	0.40**	0.39**	0.43**	0.59**	0.74**	1	
20. T5 OA	4.88	0.92	0.06	0.16**	0.12**	0.18**	0.23**	0.03	0.09**	0.09**	0.12**	0.14**	0.23**	0.39**	0.39**	0.43**	0.44**	0.50**	0.68**	0.68**	0.69**	1

注：* p<0.05，** p<0.01；N=898，MN 表示均值，SD 表示标准差，SC 表示自评的助人行为，SA 表示自评的建言行为，OC 表示他评的助人行为，OA 表示他评的建言行为，T1~T5 分别表示 1~5 个测量时点。

间也仅存在适中的相关关系，因此，不同维度的组织公民行为在组织社会化阶段可能会表现出不同的变化趋势。

这些相关分析的结果，初步说明了本章所假设的变量间的关系，接下来本书将运用多层线性模型对本章节的假设进行进一步的检验。

四、假设检验

由于本章的理论模型既包含个体间（between-person）变量又包含个体内（within-person）变量，这种数据类型属于嵌套数据，即个体内的数据嵌套于个体间，应采用跨层次分析，而不能够使用传统的回归分析方法。这是因为一方面在这种嵌套样本下，传统线性模型的方差齐性假设及方差独立的条件一般无法成立；另一方面在样本规模不等的情况下，传统检验方法无法对数据进行方差估计，因此，传统的回归方法已不能适用于本书的研究需要。多层线性模型（HLM）的出现不仅有效地弥补了传统分析方法的不足，而且能够对个体间和个体内部的变异水平进行区分，从而能够较好地满足本书的研究需求。因此，本书选用 HLM 对本章的假设进行检验。

（一）新员工组织公民行为动态变化趋势的验证

由于本节假设新员工组织公民行为的变化可以由个体内和个体间两个层面的变量来预测，因此，在检验新员工组织公民行为变化趋势之前，首先应分别对助人行为和建言行为进行零模型检验，以验证其变异在个体间是显著的，若不显著则无须进行多层次分析。在零模型检验的基础上，本书加入控制变量构造控制模型，之后进一步加入时间的一次项（T）和二次项（T^2）来验证本节的研究假设，检验结果如表 3-28 所示。

表 3-28　　　　　新员工组织公民行为变化趋势的多层线性分析

变量	助人行为			建言行为		
	零模型	模型 1	模型 2	零模型	模型 3	模型 4
截距项						
γ_{00}	4.78 ***	3.47 ***	2.88 ***	3.99 ***	3.35 ***	3.21 ***

续表

变量	助人行为			建言行为		
	零模型	模型 1	模型 2	零模型	模型 3	模型 4
控制变量（Level2）						
性别		0.064	0.08		−0.128	−0.117
年龄		−0.008	−0.005		−0.021	−0.019
学历		−0.114	−0.087		0.01	0.031
D1		0.150	0.101		0.128	0.091
D2		0.022	−0.055		0.356	0.307
D3		0.066	0.037		0.125	0.104
D4		−0.328	−0.377 *		−0.467 *	−0.503 *
控制变量（Level1）						
任务绩效		0.216 ***	−0.018		0.11 ***	−0.054
LMX		0.174 ***	−0.027		0.12 ***	0.002
自变量						
T			1.785 ***			0.975 ***
T^2			−0.262 ***			−0.140 ***
方差						
Level −1 残差 δ^2	0.610	0.525	0.277	0.416	0.387	0.315
截距方差 τ_{00}	0.438 ***	0.505 ***	0.493 ***	0.875 ***	0.886 ***	0.867 ***

注：* $p < 0.05$，** $p < 0.01$，*** $p < 0.001$；D1、D2、D3、D4 为工作岗位的哑变量，以市场/销售作为哑变量设置的基础，T 和 T^2 分别代表时间变量的一次项和二次项。

由表 3 −28 可以看出，助人行为的零模型显示，助人行为的个体间方差为 0.438，在 $p < 0.001$ 时显著，说明助人行为具有显著的个体间差异。通过计算得出 ICC(1) = 0.42，表明助人行为的方差有 42% 来源于个体间，58% 来源于个体内。在加入 Level1 和 Level2 的控制变量后发现（模型 1），任务绩效和领导成员交换关系均能够影响员工的助人行为，同时能够解释新员工助人行为 14% 的个体内部变化性，说明还存在其他变量能够解释新

员工助人行为额外的组内方差，因此，本书加入时间变量来进一步验证（模型 2）。在加入时间变量的一次项（T）和二次项（T^2）后发现，其前面的系数均显著（$\gamma_{10} = 1.785$，$p < 0.001$；$\gamma_{20} = -0.262$，$p < 0.001$），表明新员工的助人行为随组织社会化进程的推进，呈现出先升后降的倒"U"型曲线模式，故假设 H1a 得到验证。

由表 3 - 28 可以看出，建言行为的零模型显示，建言行为的个体间方差为 0.875，在 $p < 0.001$ 时显著，说明建言行为具有显著的个体间差异。通过计算得到 ICC(1) = 0.68，表明建言行为的方差有 68% 来源于个体间，32% 来源于个体内。在加入 Level1 和 Level2 的控制变量后发现（模型 3），任务绩效和领导成员交换关系均能够影响员工的建言行为，同时能够解释新员工建言行为 7% 的个体内部变化性，暗示了还存在其他变量能够解释新员工建言行为额外的组内方差，因此，本书加入时间变量来进一步验证（模型 4）。在加入时间变量的一次项和二次项后发现，其前面系数均显著（$\gamma_{10} = 0.975$，$p < 0.001$；$\gamma_{20} = -0.140$，$p < 0.001$），表明新员工的建言行为随组织社会化进程的推进呈现出先升后降的倒"U"型曲线模式，故假设 H1b 得到验证。

（二）工作变更期员工组织公民行为动态变化趋势的验证

由于本节假设工作变更期员工组织公民行为的变化可由个体内和个体间两个层面的变量来预测，因此，在检验工作变更期员工组织公民行为变化趋势之前，首先应分别对助人行为和建言行为进行零模型检验，以验证其变异在个体间是显著的，若不显著则无须进行多层次分析。在零模型检验的基础上，本书加入控制变量构造控制模型，之后进一步加入一次项和二次项来验证本节的研究假设，检验结果如表 3 - 29 所示。

表 3 - 29   工作变更期员工组织公民行为变化趋势的多层线性分析

变量	助人行为			建言行为		
	零模型	模型 1	模型 2	零模型	模型 3	模型 4
截距项						
γ_{00}	4.96 ***	4.81 ***	3.78 ***	4.38 ***	4.84 ***	4.42 ***

续表

变量	助人行为			建言行为		
	零模型	模型1	模型2	零模型	模型3	模型4
控制变量（Level2）						
性别		0.120	0.105		0.188	0.180
年龄		-0.034*	-0.033*		-0.039*	-0.040*
学历		0.037	0.044		0.001	0.006
组织任期		0.039	0.038		0.038	0.038
D1		0.142	0.141		-0.048	-0.049
D2		-0.214	-0.224		-0.037	-0.039
D3		-0.170	-0.138		-0.710*	-0.694*
D4		-0.165	-0.171		-0.178	-0.183
控制变量（Level1）						
任务绩效		0.058	-0.083**		0.050	-0.030
LMX		0.139***	0.024		0.090**	0.024
自变量						
T			1.501***			0.720***
T^2			-0.204***			-0.094***
方差						
Level-1 残差 δ^2	0.628	0.598	0.319	0.417	0.396	0.324
截距方差 τ_{00}	0.425***	0.426***	0.455***	0.731***	0.714***	0.718***

注：$*p<0.05$，$**p<0.01$，$***p<0.001$；D1、D2、D3、D4 为工作岗位的哑变量，以市场/销售作为哑变量设置的基础，T 和 T^2 分别代表时间变量的一次项和二次项。

从表3-29可以看出，助人行为的零模型显示，助人行为的个体间方差为0.425，在 $p<0.001$ 时显著，说明助人行为具有显著的个体间差异。通过计算得出 ICC（1）= 0.40，助人行为的方差有40%来源于个体间，60%来源于个体内。在加入 Level1 和 Level2 的控制变量后发现（模型1），领导成员交换关系能够显著地影响员工的助人行为，同时与任务绩效一起能够解释工作变更期员工助人行为5%的个体内部变化性，说明还存在其

他变量能够解释工作变更期员工助人行为额外的组内方差，因此，本书加入时间变量来进一步验证（模型2）。在加入时间变量的一次项和二次项后发现，其前面系数均显著（$\gamma_{10} = 1.501$，$p < 0.001$；$\gamma_{20} = -0.204$，$p < 0.001$），表明工作变更期员工的助人行为随社会化进程的推进呈现出先升后降的倒"U"型曲线模式，故假设 H2a 得到验证。

由表3-29可以看出，建言行为的零模型显示，建言行为的个体间方差为0.731，在 $p < 0.001$ 时显著，说明建言行为具有显著的个体间差异。通过计算得出 ICC(1) = 0.64，表明建言行为的方差有64%来源于个体间，36%来源于个体内。在加入 Level1 和 Level2 的控制变量后发现（模型3），领导成员交换关系能够显著地影响工作变更期员工的建言行为，同时与任务绩效一起能够解释工作变更期员工建言行为5%的个体内部变化性，暗示了还存在其他变量能够解释工作变更期员工建言行为额外的组内方差，因此，本书加入时间变量来进一步验证（模型4）。在加入时间变量的一次项和二次项后发现，其前面系数均显著（$\gamma_{10} = 0.720$，$p < 0.001$；$\gamma_{20} = -0.094$，$p < 0.001$），表明工作变更期员工的建言行为随社会化进程的推进呈现出先升后降的倒"U"型曲线模式，故假设 H2b 得到验证。

（三）老员工组织公民行为变化趋势动态模型的验证

由于本节假设老员工组织公民行为的变化可由个体内和个体间两个层面的变量来预测，因此，在检验老员工组织公民行为变化趋势之前，首先应分别对助人行为和建言行为进行零模型检验，以验证其变异在个体间是显著的，若不显著则无须进行多层次分析。在零模型检验的基础上，本书加入控制变量构造控制模型，之后进一步加入一次项和二次项来验证本节的研究假设，检验结果如表3-30所示。

表3-30　　老员工组织公民行为变化趋势的多层线性分析

变量	助人行为			建言行为		
	零模型	模型1	模型2	零模型	模型3	模型4
截距项						
γ_{00}	5.16***	5.98***	6.00***	4.14***	4.86***	4.95***

变量	助人行为			建言行为		
	零模型	模型 1	模型 2	零模型	模型 3	模型 4
控制变量（Level2）						
性别		− 0.010	− 0.008		− 0.080	− 0.080
年龄		− 0.010	− 0.010		− 0.029 *	− 0.029 *
学历		− 0.008	− 0.007		− 0.017	− 0.016
组织任期		0.010	0.010		0.041	0.041
工作任期		− 0.009	− 0.009		0.073	0.073
D1		− 0.109	− 0.109		− 0.149	− 0.149
D2		− 0.074	− 0.078		− 0.040	− 0.041
D3		− 0.057	− 0.063		− 0.196	− 0.198
D4		− 0.156	− 0.161		− 0.409 *	− 0.411 *
控制变量（Level1）						
任务绩效		− 0.046 **	− 0.022		− 0.008	− 0.003
LMX		− 0.021	− 0.010		0.033 *	0.036 **
自变量						
T			− 0.036			− 0.071
T^2			− 0.010			0.006
方差						
Level − 1 残差 δ^2	0.277	0.274	0.253	0.303	0.296	0.294
截距方差 τ_{00}	0.548 ***	0.562 ***	0.567 ***	0.832 ***	0.827 ***	0.827 ***

注：＊$p < 0.05$，＊＊$p < 0.01$，＊＊＊$p < 0.001$；D1、D2、D3、D4 为工作岗位的哑变量，以市场/销售作为哑变量设置的基础，T 和 T^2 分别代表时间变量的一次项和二次项。

由表 3 – 30 可以看出，助人行为的零模型显示，助人行为的个体间方差为 0.548 在 $p < 0.001$ 时显著，说明助人行为具有显著的个体间差异。通过计算得出 ICC（1）= 0.66，表明助人行为的方差有 66% 来源于个体间，34% 来源于个体内。在加入 Level1 和 Level2 的控制变量后发现（模型 1），任务绩效能够显著影响老员工的助人行为，同时与领导成员交换关系一起能够解释老员工助人行为 1% 的个体内部变化性，说明还存在其他变量能

够解释老员工助人行为额外的组内方差。因此，本书加入时间变量来进一步验证（模型2）。在加入时间变量的一次项和二次项后发现，其前面系数均不显著（$\gamma_{10} = -0.036$，$p = n.s.$；$\gamma_{20} = -0.010$，$p = n.s.$），表明老员工的助人行为并不会呈现出曲线的变化趋势。在此基础上，笔者将二次项去除，再次回归发现，一次项前的系数显著（$\gamma_{10} = -0.094$，$p < 0.001$），说明老员工的助人行为随时间的推移呈现出略微下降的线性模式，故假设H3a得到验证。

由表3-30可以看出，建言行为的零模型显示，建言行为的个体间方差为0.832，在$p < 0.001$时显著，说明建言行为具有显著的个体间差异。通过计算得出$ICC(1) = 0.72$，表明建言行为的方差有72%来源于个体间，28%来源于个体内。在加入Level1和Level2的控制变量后发现（模型3），领导成员交换关系能够显著地影响老员工的建言行为，同时与任务绩效一起能够解释老员工建言行为2%的个体内部变化性，暗示了还存在其他变量能够解释老员工建言行为额外的组内方差。因此，本书加入时间变量来进一步地验证（模型4）。在加入时间变量的一次项和二次项后发现，其前面的系数均不显著（$\gamma_{10} = -0.071$，$p = n.s.$；$\gamma_{20} = 0.006$，$p = n.s.$），表明老员工的建言行为并不会呈现出曲线的变化趋势。在此基础上，笔者将二次项去除，再次回归发现，一次项前的系数显著（$\gamma_{10} = -0.032$，$p < 0.01$），表明老员工的建言行为随时间的推移呈现出略微下降的线性模式，故假设H3b得到验证。

（四）不同类型员工的组织公民行为动态变化趋势的比较

本节重点关注新员工与工作变更期员工的组织公民行为变化趋势动态模型的比较。为检验H4，本书首先求出一次项与二次项前系数的置信区间，然后通过求导，建立曲线变化率的方程，并通过带入自变量的取值来计算曲线的变化率区间。

新员工助人行为随时间变化的一次项与二次项前系数的置信区间分别为CI[1.685，1.885]和CI[-0.278，-0.246]。通过计算新员工助人行为曲线的变化率得其变化率区间为CI[-1.095，1.393]；工作变更期员工助人行为随时间变化的一次项与二次项前系数的置信区间分别为

CI[1.334，1.667]和 CI[-0.231，-0.177]。通过计算工作变更期员工助人行为曲线的变化率，得其变化率区间为 CI[-0.976，1.313]。可见，工作变更期员工助人行为的曲线变化率与新员工助人行为的曲线变化率有重叠的部分。因此，本书无法认定新员工助人行为的曲线变化率大于工作变更期员工，故假设 H4a 没有得到验证。

新员工建言行为随时间变化的一次项与二次项前系数的置信区间分别为 CI[0.867，1.082] 和 CI[-0.157，-0.124]。通过计算新员工建言行为曲线的变化率，得其变化率区间为 CI[-0.703，0.834]；工作变更期员工建言行为随时间变化的一次项与二次项前系数的置信区间分别为 CI[0.552，0.888]和 CI[-0.122，-0.067]。通过计算工作变更期员工建言行为曲线的变化率，得其变化率区间为 CI[-0.668，0.754]。可见，工作变更期员工建言行为的变化率与新员工建言行为的变化率有重叠的部分。因此，本书无法认定新员工建言行为的变化率大于工作变更期员工，故假设 H4b 没有得到验证。

（五）不同维度的组织公民行为动态变化趋势的比较

本节重点探讨风险性程度不同的组织公民行为变化趋势的异同。为检验 H5，笔者依据邓福德等（Dunford et al.，2012）的方法，首先计算助人行为与建言行为在不同时点的差值。邓福德等学者认为当回归方程包含相同的预测变量时，等式之间可以相减，得出的差值方程能够用于比较两条曲线间的差异。具体的检验结果如表 3–31 所示。

表 3–31　　　　　助人行为与建言行为动态模型的比较研究

比较模型	
γ_{00}	1.048
D1	-1.434
D2	-1.641
性别	0.128
年龄	0.006
学历	0.007
T	0.037

续表

比较模型	
T × D1	0.803 ***
T × D2	0.738 ***
T^2	− 0.017
T^2 × D1	− 0.106 ***
T^2 × D2	− 0.092 ***
in − role	− 0.015
LMX	− 0.032 *
方差	
Level − 1 残差 δ^2	0.544
截距方差 τ_{00}	0.968 ***

注：* $p < 0.05$，** $p < 0.01$，*** $p < 0.001$；D1、D2 为员工类型的哑变量，以老员工作为哑变量设置的基础，T 和 T^2 分别代表时间变量的一次项和二次项。

由表 3 − 31 可知，在助人行为与建言行为的差值方程中，T^2 × D1 和 T^2 × D2 的交互项（r = − 0.106，r = − 0.092）均在 $p < 0.001$ 时显著，说明助人行为的变化幅度大于建言行为的变化幅度，故假设 H5b 得到验证。接下来本书检验，相对于建言行为，员工是否会表现出更多的助人行为。笔者通过对先前助人行为与建言行为的差异项做独立样本 t 检验，以验证这一假设。独立样本 t 检验结果表明，助人行为与建言行为的差异项显著，且在 95% 的置信区间内为 [0.827，0.902]，说明员工所展现的助人行为显著高于建言行为，故假设 H5a 得到验证。

（六）不同测量方式的组织公民行为动态变化趋势的比较

本节重点探讨不同测量方式下组织公民行为变化趋势的异同。鉴于本书假设组织社会化程度不同的员工在不同测量方式下，组织公民行为会表现出不同的变化趋势。因此，本节将从曲线变化率和变化水平两个方面，对正在经历组织社会化的员工（新员工和工作变更期员工）和已经经历过组织社会化的员工（老员工），在不同测量方式下组织公民行为的变化趋势进行检验，只有当曲线变化率和变化水平均表现出显著性差异时，才能认为组织公民行为的变化趋势具有显著性的差异。

正在经历组织社会化的新员工和工作变更期员工自评的助人行为，随时间变化的一次项与二次项前系数的置信区间分别为 CI[1.623，1.794] 和 CI[−0.258，−0.231]。通过计算得曲线的变化率区间为 CI[−0.957，1.332]；正在经历组织社会化的新员工和工作变更期员工的主管领导评价的助人行为，随时间变化的一次项与二次项前系数的置信区间分别为 CI[0.905，1.072] 和 CI[−0.155，−0.128]。通过计算得曲线的变化率区间为 CI[−0.645，0.816]。可见，正在经历组织社会化的新员工和工作变更期员工，在自评与他评方式下的助人行为的曲线变化率存在重叠的部分，因此，本书无法认定正在经历组织社会化的新员工和工作变更期员工，在自评与他评方式下的助人行为的变化率具有显著性差异。在此基础上，本书进一步对正在经历组织社会化的新员工和工作变更期员工的自评和他评的助人行为的量级进行比较分析。通过对差值进行独立样本 t 检验发现，差值在 95% 的置信区间内显著[−0.105，−0.021]，说明在他评方式下，正在经历组织社会化的新员工和工作变更期员工的助人行为水平更高，故假设 H6a 得到部分验证。

正在经历组织社会化的新员工和工作变更期员工自评的建言行为，随时间变化的一次项与二次项前系数的置信区间分别为 CI[0.808，0.986] 和 CI[−0.141，−0.113]。通过计算得曲线的变化率区间为 CI[−0.602，−0.760]；正在经历组织社会化的新员工和工作变更期员工的主管领导评价的建言行为，随时间变化的一次项与二次项前系数的置信区间分别为 CI[0.687，0.870] 和 CI[−0.126，−0.097]。通过计算得曲线的变化率区间为 CI[−0.573，0.676]。可见，正在经历组织社会化的新员工和工作变更期员工自评与他评方的建言行为的曲线变化率存在重叠的部分，因此，本书无法认定正在经历组织社会化的新员工和工作变更期员工，在自评和他评方式下的建言行为的变化率具有显著性差异。在此基础上，本书进一步对正在经历组织社会化的新员工和工作变更期员工的自评和他评的建言行为的量级进行比较分析，通过对差值进行独立样本 t 检验发现，差值在 95% 的置信区间内显著[−0.198，−0.087]，说明在他评方式下，正在经历组织社会化的新员工和工作变更期员工的建言行为水平更高，故假设 H6b 得到部分验证。

由于已经经历过组织社会化的老员工自评的助人行为的二次项系数不显著，因此，本书仅关注一次项系数的变化，即斜率的变化，本书利用 bootstrap 来检验这一假设，结果显示，老员工自评的助人行为的一次项前系数的置信区间为 CI[−0.111， −0.078]；领导评价的老员工助人行为的一次项前系数的置信区间为 CI[−0.14， −0.111]。可见，老员工自评与他评的助人行为的变化率存在重叠的部分，因此，本书无法认定老员工自评与他评的助人行为的变化率具有显著性差异。在此基础上，本书进一步对老员工自评和他评的助人行为的量级进行比较分析，通过对差值进行独立样本 t 检验发现，差值在 95% 的置信区间内不显著 [−0.060， 0.026]，说明自评和他评的老员工助人行为没有显著性的差异，故假设 H6c 得到验证。

由于已经经历过组织社会化的老员工自评的建言行为的二次项系数不显著，因此，本书仅关注一次项系数的变化，即斜率的变化，本书利用 bootstrap 来检验这一假设，结果显示，老员工自评的建言行为的一次项前系数的置信区间为 CI[−0.05， −0.015]；领导评价的老员工建言行为的一次项前系数的置信区间为 CI[−0.082， −0.049]。可见，老员工自评与他评的建言行为的变化率存在重叠的部分，因此，本书无法认定老员工自评与他评的建言行为的变化率具有显著性差异。在此基础上，本书进一步对老员工自评和他评的建言行为的量级进行比较分析，通过对差值进行独立样本 t 检验发现，差值在 95% 的置信区间内不显著[−0.006， 0.012]，说明自评和他评的老员工建言行为没有显著性的差异，故假设 H6d 得到验证。

第四节　实证研究结论与管理启示

一、实证研究结论

本章依据组织社会化理论和资源保存理论，构建了不同类型、不同维度及不同测量方式的组织公民行为变化趋势的动态模型，并提出了相关研究假设；通过在某大型合资企业为时一年的多时点采集的数据，对动态模型和研究假设进行了验证，结果如表 3-32 所示。

表 3-32 假设检验结果汇总

编号	假设内容	检验结果
H1a	新员工的助人行为随组织社会化进程的不断深入呈现出先升后降的倒"U"型曲线模式	支持
H1b	新员工的建言行为随组织社会化进程的不断深入呈现出先升后降的倒"U"型曲线模式	支持
H2a	工作变更期员工的助人行为随再社会化进程的不断深入呈现出先升后降的倒"U"型曲线模式	支持
H2b	工作变更期员工的建言行为随再社会化进程的不断深入呈现出先升后降的倒"U"型曲线模式	支持
H3a	老员工的助人行为随时间的推移呈现出相对稳定且平缓的线性变化模式	支持
H3b	老员工的建言行为随时间的推移呈现出相对稳定且平缓的线性变化模式	支持
H4a	与新员工相比，工作变更期员工的助人行为的变化幅度较小	不支持
H4b	与新员工相比，工作变更期员工的建言行为的变化幅度较小	不支持
H5a	与建言行为相比，新员工、工作变更期员工和老员工均会倾向于展现更多的助人行为	支持
H5b	与建言行为相比，助人行为的变化幅度较大	支持
H6a	与自评相比，他评的新员工和工作变更期员工助人行为的曲线变化率较小且水平较高	部分支持
H6b	与自评相比，他评的新员工和工作变更期员工建言行为的曲线变化率较小且水平较高	部分支持
H6c	随着时间的推移，自评和他评的老员工的助人行为的变化趋势没有显著性差异	支持
H6d	随着时间的推移，自评和他评的老员工的建言行为的变化趋势没有显著性差异	支持

本书的实证研究结论如下。

（1）无论是正在经历组织社会化的新员工还是组织再社会化的工作变更期员工，他们的助人行为和建言行为均会呈现先升后降的倒"U"型曲线关系；已经经历过社会化的老员工的助人行为和建言行为则相对稳定，呈现出略微下降的线性关系。

（2）无论是正在经历组织社会化的新员工和正在经历组织再社会化的工作变更期员工，他们的助人行为和建言行为的曲线变化率没有显著性差异，说明新员工和工作变更期员工的助人行为和建言行为的变化趋势较为相似。

（3）与建言行为相比，无论是正在经历组织社会化的新员工、正在经历组织再社会化的工作变更期员工，还是已经经历过社会化的老员工均会倾向于展现更多的助人行为，且助人行为的变化幅度较大。

（4）不论是经历组织社会化的新员工或是经历组织再社会化的工作变更期员工，还是已经经历组织社会化的老员工，组织公民行为在自评和他评方式下的变化率均无显著性的差异，这就意味着，自评和他评方式均能够较为准确地反映组织公民行为的变化模式。然而，与自评方式相比，主管领导评价的新员工和工作变更期员工的组织公民行为水平存在显著性的差异，表明在测量新员工和工作变更期员工的组织公民行为时，自评方式更为合理；在测量老员工的组织公民行为水平时，自评方式和他评方式没有显著性的差异。

二、管理启示

1. 基于员工组织社会化程度的不同，实施差异化的组织公民行为激励政策

鉴于新员工和工作变更期员工的组织公民行为呈现倒"U"型的变化模式，因此，在新员工入职的前期和工作变更期员工工作转变的前期，即上升阶段，企业应通过信息互通营造相应的组织氛围等方式来促进组织公民行为的上升速率。而在新员工入职的后期和工作变更期员工工作转变的后期，即下降阶段，企业应通过正确地引导员工的组织预期，使其预期与组织实际相接近，并应及时解答员工对组织中相关问题的疑问，以避免负面信息对组织公民行为的影响，从而减缓组织公民行为下降的速率。鉴于老员工的组织公民行为相对稳定且呈现略微下降的线性关系，因此，企业应采取持续性的激励政策，激发他们展现更多的组织公民行为。

2. 基于组织公民行为类型的不同，实施差异化的组织公民行为激励政策

本章的研究结果表明，员工对不同类型的组织公民行为具有不同的偏

好。与风险性较高的建言行为相比，员工倾向于表现出更多的助人行为。因此，对于风险型较低的组织公民行为，如助人行为而言，企业仅需给予适当的激励，便可激发出员工较高水平的助人行为。而对于风险性较高的组织公民行为，如建言行为，企业则需从提升员工的建言能力（ability）、激发员工的建言动机（motivation）、保障员工的建言机会（opptunity）等多个方面采取强有力的激励政策（张兰霞、张靓婷、付竞瑶、贾明媚，2018）。唯有如此，才能降低员工对建言行为的风险性感知，提升员工建言行为的参与水平。

3. 基于员工组织社会化程度的不同，应选择不同的组织公民行为测量方式

研究表明，虽然自评和他评的新员工、工作变更期员工和老员工的助人行为和建言行为的曲线变化率没有显著性差异，但与自评方式相比，领导在评价新员工和工作变更期员工的助人行为和建言行为时，会因印象管理的作用导致其在一定程度上高估他们的助人行为和建言行为水平。因此，在评价新员工和工作变更期员工的组织公民行为时，建议采用员工自评方式。由于自评和他评的老员工的助人行为水平和建言行为水平没有显著性的差异，因此，在评价老员工组织公民行为时，既可以采用员工自评的方式，也可以采用领导他评的方式。

第四章　组织公民行为变化趋势多重因素的调节效应

考虑到本书是基于组织社会化的视角探究组织公民行为的变化趋势，因此，在选择调节变量时，重点关注变量的时间动态性、变量与组织社会化进程的相关性及变量选取的覆盖性（如个体因素和环境因素）。

针对变量的时间动态性，本书重点关注具有持久性特征的变量（enduring characteristics），如个体特质、认知及任务特征等，排除了那些仅具有瞬时性特征的变量（transitory characteristics），如情感、情绪等。虽然瞬时性特征变量能够影响个体的组织公民行为，但其影响效果较为短暂，且与时间维度没有特定的联系，因此，瞬时性特征变量无法有效地预测个体组织公民行为随时间的变化。与瞬时性特征变量相比，持久性特征类变量相对稳定，且具有连续性（Jones et al.，2015）。故本书在选择调节变量时，仅考虑具有持久性特征类的变量。

在选择持久性特征类变量时，本书仅考虑与员工组织社会化过程相关的变量，且这些变量要涵盖激发个体组织公民行为表现的内部因素（如个体因素）和外部因素（如环境因素）。实际上，员工的组织社会化过程就是员工学习和同化的过程（Fang et al.，2011）。其中，学习过程强调个体对角色期望、工作任务和组织环境的了解（Morrison，2002）；同化过程则重点关注个体的关系构建和组织融合（Kort et al.，2013）。因此，与学习过程相关的信息获取、任务特征和环境属性及与同化过程相关的关系建构，均会对个体的组织社会化过程产生影响，进而影响组织社会化过程中个体组织公民行为的表现。由此可见，关注与学习过程和同化过程相关的因素，有利于增强对组织社会化阶段组织公民行为变化趋势的理解。

基于此，本书拟将主动性人格、任务互依性、领导风格和关系型自我构念作为员工组织公民变化趋势的调节变量进行研究。之所以如此，是因为主动性人格是个体主动获取信息必备的人格特质，任务互依性是一种较为典型的任务特征，领导风格是下属能够感受到的最直接的工作环境，关系型自我构念则是员工关系建构的基础。通过探究上述四个变量对组织公民行为变化趋势的作用边界，能够深化组织公民行为动态性特征的情景化探索，为深入理解组织公民行为的动态性特征提供理论依据。

第一节　研究假设

一、主动性人格

主动性人格的概念最早由贝特曼等（Bateman et al.，1993）提出，他们认为，主动性人格是指个体主动地采取行动以适应或改变环境的一种稳定的倾向性。主动性人格较高的个体较少受环境的制约，善于发现和捕捉机会，勇于接受挑战，并能够采取积极的行动以适应或改变环境，直至目标实现；主动性人格较低的个体则较易受环境的束缚，喜欢被动地对环境做出反应，不善于发现和识别机会，并宁愿消极地适应环境也不愿主动地采取行动以改变现状（Buil，Martínez & Matute，2019）。此后，学者们对主动性人格进行了大量的研究，并取得了丰富的研究成果。随着研究的深入，学者们发现，主动性人格是区别于大五人格存在的一种独立的人格特质。马修等（Major et al.，2006）的研究发现，主动性人格与大五人格中的外向性和尽责性显著正向相关，而主动性人格与神经质、开放性和责任心则不相关。马修等学者的研究证明，主动性人格拥有其他人格特质所不具备的特征，是一种独特的人格特质。

坎贝尔（Campbell，2000）总结出了主动性人格的五个核心特征：（1）能够胜任现有的工作，表现出高水平的专业技术和问题解决能力，并拥有高水平的绩效表现；（2）具有较强的领导力、人际胜任力及高水平的可信赖度；（3）拥有较高的组织承诺、较强的组织责任感，并有与组织价值观和目标相一致的工作态度；（4）该类员工积极进取，上进心强，拥有独立的判断能力，且工作投入较高，并能够勇于表达自己的观点；（5）拥有正直、诚信等品质，并拥有较高的价值追求。

依据主动性人格的内涵，贝特曼等（Bateman et al.，1993）进一步开发了自陈式的主动性人格量表来测量和评估个体的主动性人格水平。他们从 47 个题项中筛选出 27 个能够反映个体主动性人格的题项作为原始问卷，并通过探索性因子分析得到了包含 17 个题项的单一维度的主动性人格量表。在此基础上，他们对量表进行了进一步的验证性因子分析、信度分析等检验，最终证明该量表具有良好的信效度。

由于贝特曼等学者开发的主动性人格量表较长，在实际研究中，一些学者根据因子载荷的高低对该量表进行了简化。缩减后的版本主要包括塞伯特等（Seibert et al.，1999）的 10 条目版本、帕克（Parker，1998）的 6 条目版本、冈德里（Gundry，2002）的 5 条目版本及帕克等（Parker et al.，1999）的 4 条目版本。克莱斯等（Claes et al.，2005）分别采用比利时、西班牙和芬兰的样本对上述的简缩版进行了跨文化信效度的检验。结果表明，只有帕克等学者（1998）的 6 条目缩减版及塞伯特等（1999）的 10 条目缩减版信度较高，在可接受的范围内，而冈德里（2002）的 5 条目缩减版及帕克等学者（1999）的 4 条目缩减版的信度均不理想。此外，探索性和验证性因子分析的结果表明只有帕克等学者的 6 条目缩减版显示出了清晰的单维结构，而塞伯特等学者的 10 条目缩减版的单维结构并未得到验证。可见，帕克等学者的 6 条目缩减版具有较高的信效度。

与国外的研究成果相比，国内学者对主动性人格的研究起步较晚，且对主动性人格结构和测量的相关研究较少。在少数研究主动性人格结构和测量的相关文献中，大多数学者采用修改取向的研究思路。例如，商佳音等（2009）对主动性人格量表进行了修订，编制了包含 11 个题项的主动性人格量表，该量表的探索性因子分析和验证性因子分析结果表明，主动性人格为单维结构。黎青（2009）在对主动性人格各简化量表和原始量表研究的基础上发现，主动性人格是一个单一维度的构念，同时他在中国文化背景下对主动性人格量表进行了部分修订，开发出了包含 10 个题项的主动性人格量表，该量表在我国情境下被证明有较好的信效度。文芳（2011）也对主动性人格量表进行了修订，修订后的量表包含 9 个题项，该量表也被证明有较好的信效度。除了修改取向的研究外，少部分对主动性人格的结构和测量进行了本土化的研究。如叶莲花（2007）依据先前的研究成果，并通过开放式问卷开发了包含主动性和坚韧性这两个维度的主动性人格量表。冯缙（2008）开发了包含坚韧性、机会识别和主动性这三个维度的主动性人格量表。陈美君（2009）开发了包含坚韧性、变革型和积极性这三个维度的主动性人格量表。

综上所述，不难看出主动性人格是一个独特的人格特质，存在于不同的文化背景下且表现出了许多相似的特征。

二、主动性人格对组织公民行为变化趋势的调节效应

员工的组织社会化进程不仅受组织社会化策略的影响，还会受员工主动性社会化行为的影响。组织公民行为作为员工自发且主动的社会化行为，能够帮助员工建立自身的社会网络、提升他人对自身能力的认同、加速信息和资源的获取，从而促进员工组织社会化的进程。主动性人格作为个体主动采取行动以适应或改变环境的一种稳定的倾向性，是个体主动性行为产生的基础。因此，本书认为，主动性人格可能能够调节组织社会化进程中组织公民行为的变化趋势。

具体而言，拥有较高主动性人格的员工在组织社会化进程中会主动地表现出更多的组织公民行为以加速其社会化进程。已有研究表明，主动性人格较高的个体会通过表现出更多的助人行为来构建其社会网络（Thompson，2005），而社会网络的广度有利于员工获得与环境和角色相关的信息，从而加速其社会化进程。可见，拥有较高主动性人格的员工在组织社会化阶段会展现出更多的助人行为。然而，随着社会化进程的推进，组织中的一些负面因素会逐步受到员工的关注，这些负面因素会使员工重新评估现有的工作环境。当拥有较高主动性人格的员工发现组织或工作中存在相应的问题时，他会主动地寻求解决方案，并及时指出现有的问题，以改善现有的工作环境，降低负面因素对社会化进程的影响，因此，拥有较高主动性人格的员工在组织社会化进程中会表现出更多的建言行为。此外，主动性人格较高的员工拥有较强的自主性动机，他们能够通过持续的、高水平

的组织公民行为的展现，来加速其社会化进程，从而导致其组织公民行为随着时间的变化幅度较小。主动性人格较低的员工喜欢被动地适应环境，不会主动地展现组织公民行为来提升组织社会化进程，因此其组织公民行为水平较低。同时，由于主动性人格较低的员工实施主动性行为的内在动机较弱，因此，只有当环境中提供给员工展现组织公民行为的相关线索时，他们才会展现出相应的组织公民行为。可见，主动性人格较低的员工，组织公民行为的展现与环境线索联系紧密，从而导致其组织公民行为的变化幅度较大。

综上所述，本书提出如下假设：

H7：主动性人格能够调节员工助人行为和建言行为的变化趋势，相对于主动性人格较高的员工而言，主动性人格较低的员工的助人行为（H7a）和建言行为（H7b）随时间的变化幅度更大。

三、任务互依性

任务互依性最早起源于学者们对工作中合作形式的探讨（Turner & Lawrence，1965）。莫尔（Mohr，1971）等学者首先提出了任务互依性的概念，他们认为，任务互依性是指个体在工作中依赖他人的程度及组织生产或交付产品时合作需求的程度（Mohr，1971）。此后，学者们对其展开了大量的研究，并取得了丰富的研究成果。

时至今日，学者们对任务互依性的界定尚不一致。目前，主要有两种取向，即结构性取向和心理行为取向。持结构性取向的学者们通常认为，任务互依性是任务本身所固有的属性，是团队成员工作方式的客观反映。例如，瓦格曼等（Wageman et al.，1995）将任务互依性界定为团队成员间任务的结构性联系，包括任务流程的衔接、资源的分配及任务进度的协调等；王重鸣等（2005）认为，任务互依性是指团队投入因素的相互依存及团队运作过程的相互交叉。持心理行为取向的学者们则通常认为，任务互依性是人们完成任务时的行为方式，体现了员工的合作需求。例如，格本等（Gerben et al.，2003）将任务互依性界定为团队成员在完成工作任务的过程中对相关信息、资源和成员支持的依赖程度；比斯普等（Bisshop et al.，2000）认为，任务互依性是指员工为保证自身工作的顺利展开而对其他成员的依赖程度，包括信息获取、资源获得和相应的同事支持等，同时也表现为员工与其他成员在空间距离和心理预期上长久关系的维持。基于本书要探讨的是任务互依性对组织公民行为变化趋势的影响，因此，选取了心理行为取向对任务互依性的界定，并采用比斯普等（2000）的观点，即认为任务互依性是指员工为保证自身工作的顺利展开而对其他成员的依赖程度，包括信息获取、资源获得和相应的同事支持等，同时也表现为员工与其他成员在空间距离和心理预期上长久关系的维持。

已有的多数研究成果均将任务互依性视为单维的构念，仅有少数研究对任务互依性进行了维度划分，如汤普森（Thompson，1967）依据团队成员的任务依赖程度，将任务互依性分为联营互依性、顺序互依性和循环互依性。其中，联营互依性指成员间的任务并没有直接的依赖关系；顺序互依性指某成员要想完成某项工作，需依赖于其他成员先行执行，且这种执行是单向的；循环互依性指成员间每一个人被其他人所依赖，又依赖于其他成员。在此基础上，威特等（Vegt et al.，2001）加入了第四个维度，即协作互依性，即成员之间共同商议解决问题。大卫等（David et al.，1989）依据任务互依性的来源不同，将任务互依性划分为资源互依性和目标互依性。其中，资源互依性指团队成员在完成工作任务的过程中需要依赖其他成员所提供的信息和资源；目标互依性指团队成员在完成工作任务的过程中需要其他成员的支持和帮助。由于本书重点关注员工在执行任务的过程中对其他成员的依赖程度，并不关注任务互依性本身的类型，因此，本书拟将任务互依性视为单维的构念，探究其对组织公民行为变化趋势的影响。

任务互依性的测量主要采用实验和问卷调查两种方法进行。其中，实验法主要通过操控不同的情境，来比较在不同的任务互依性水平下个体行为的差异。例如，刘颖等（2012）的研究表明，在任务互依性较高的情境下，员工间的合作互助行为更多。问卷调查法是目前学者们使用较多的测量方法。被广泛使用的问卷包括皮尔斯等（Pearce et al.，1991）开发的包含 5 个题项的任务互依性量表、利登等（Liden et al.，1997）开发的包含 3 条目的任务互依性量表、格本等（Gerben et al.，2003）开发的 5 条目的任务互依性量表及比斯普等（Bisshop et al.，2000）开发的4条目的任务互依性量表。鉴于本书采用的是比斯普等学者对任务互依性的界定，因此，在后续的研究中将使用他们开发的由4个条目构成的量表。

四、任务互依性对组织公民行为变化趋势的调节效应

如前所述，员工组织社会化的过程实质上是一个学习和同化的过程。学习过程强调信息的收集和获取，用以明晰自身的角色需求和组织环境；而同化过程则重点强调个体的关系构建和组织融合。在组织社会化进程中，高任务互依性的情境会对员工的信息收集与获取及关系的构建都提出更高的要求。这是因为在高任务互依性的情境下，成员间相互依赖的程度较高，它们彼此均需通过从其他成员处获取相应的信息、资源和支持才能完成工作目标。这就是说，员工为完成规定的任务，与成员间的信息交换会更为频繁、行动配合更为紧密。毫无疑问，员工助人行为的展现有利于员工构建自身的社会网络，增强与他人间的亲密关系；员工建言行为的展现有利于员工获取相应的信息，促进自身和他人更好地完成工作任务。可见，在高任务互依性的情境下，员工助人行为和建言行为的展现均有助于推进员工组织社会化的进程。与此同时，在高任务互依性的情境下，员工不得不通过持续性的、高水平的组织公民行为（包括助人行为和建言行为）的展现来完成工作任务。因此，在高任务互依性的情境下，组织公民行为的变化幅度较小；在低任务互依性的情境下，员工可以通过自身的努力完成工作目标，此时只有在员工产生内在需求时（如需要获取某些资源来完成任务）才会展现出相应的组织公民行为，而员工内在需求的波动幅度较大。因此，在低任务互依性的情境下，组织公民行为的变化幅度较大。

综上所述，本书提出如下假设：

H8：任务互依性能够调节员工助人行为和建言行为的变化趋势，与高任务互依性的情境相比，在低任务互依性的情境下，员工的助人行为（H8a）和建言行为（H8b）随时间的变化幅度更大。

五、关系型自我构念

自我构念一词最早是由马库斯（Markus）等学者在研究不同文化背景下个体对自我的理解时所提出的。他们认为，在世界范围内有两种主流文化，即集体主义文化和个体主义文化。其中，集体主义强调人与人间的合作，持集体主义文化的个体倾向于将自身与群体内的其他成员相互联系；个体主义文化则注重人与人之间的独立性，持个体主义文化的个体倾向于将自身与他人分开，以突显自身的独特性。在这两种主流文化下，马库斯等学者将个体的自我构念划分为独立型自我构念和依赖型自我构念。其中，独立型自我构念与个体主义文化挂钩，重点关注自身的感受，着重表达自己的意见和建议；而依赖型自我构念与集体主义文化相连，重点关注自身与群体的关系，注重群体意见及关注自己的行为举止是否符合群体标准。马库斯最初提出独立型自我构念和依赖型自我构念时，认为二者是相互制约的，个体仅能拥有其中的一种自我构念。随着研究的深入，学者们发现，独立型自我构念和依赖型自我构念在同一个体内是可以并存的，只不过在不同的情境下它们占据的主导地位不同而已（Cooper & Thatcher，2010）。在随后的研究中，学者们发现，个体除强调自我的独特性、群体的和谐性以外，还关注与他人建立良好的关系，学者们将此类型称之为关系型自我构念（Cross，Bacon & Morris，2000）。

关系型自我构念一词最早由克罗斯（Cross，2000）等学者提出，他们认为，关系型自我构念是指个体倾向于与他人建立良好的关系，注重亲密他人的看法和意见，并希望实现与亲密他人的和谐共处。已有研究表明，受我国传统文化的影响，人们对关系的重视程度要高于对自身和组织的重视程度，同时在组织中也强调个体间关系的重要性（如领导与下属的关系和下属之间的关系等）（Zhang & Chen，2013）。因此，本书拟研究关系型自我构念对组织公民行为的影响。

至于关系型自我构念的测量，多数学者采用的是自陈式问卷测量法和实验法，也有少部分学者采用陈述式测验和内隐式测量。对于问卷调查法而言，学者们使用较多的是克罗斯等学者开发的包含 11 个题项的关系型自我构念的量表。由于该量表具有较好的内部一致性系数（0.85，-0.90），且重测信度较高，因而受到学者们的喜爱。由于实验法的可控性，使研究者能够较为快速地激活个体不同的自我构念因而被广泛使用。实验法对自我构念的诱发主要有三种方式，即相似/差异法、苏美尔人战争法和旅行任务法。相似/差异法通常要求被试回答与自己亲密关系人的不同点是什么（独立型诱发）、相同点是什么（依赖型诱发）；苏美尔人战争法要求被试阅读一个领袖选择队长去指挥战斗的故事，并回答这一选择是从个人角度考虑（提高领袖地位）还是从集体角度考虑（队长是家族中的一员）；旅行任务法要求被试阅读一个旅行故事，让其以第一、第二和第三人称对故事进行描述，来激发个体不同的自我构念。奥伊斯曼等（Oyseman et al.，2008）对上述三种方式的有效性进行元分析发现，不同方法对不同自我的诱发程度不尽相同，如相似/差异法对关系型自我构念的诱发能力最强，旅行任务则对独立型自我构念的诱发能力较强。因此，研究者需根据研究需要选择合适的实验方法。在运用陈述式测验测量关系型自我构念时，学者们一般使用"陈述式测验"工具（Kuhn & Mcpartland，1954），即通过让被试陈述不同的语句来测量被试的自我构念。但因个体认知或理解能力的差异，导致同一句自我陈述可能会被归类为不同的类型，很难取得一致的编码图式，因而较少被使用。使用心理学工具测量自我构念的学者也不是很多。北山等（Kitayama et al.，2006）是最早采用心理过程作为自我构念的内隐测量指标的，其认为社会分离情绪（如生气）和社会参与情绪（如愧疚）等均可作为自我构念测量的内隐指标。但这一测量方法并未被学者们所证实。考虑陈述式测验和内隐测量所存在的问题及实验操作法在时间维度上的相对复杂性，本书拟采用问卷调查法对关系型自我构念进行测量。

六、关系型自我构念对组织公民行为变化趋势的调节效应

关系建构是影响组织社会化进程中组织公民行为的一个非常重要的因素。关系型自我构念作为个体建构关系的内因，会对组织社会化进程中的组织公民行为产生重要的影响。拥有较高关系型自我构念的员工注重与他

人的关系，并希望实现与他人的和谐共处，因而在组织社会化进程中，会较多地展现那些能够发展和维持自身社会网络的组织公民行为，如助人行为，而较少地表现那些可能会破坏已有的人际关系，带来人际冲突的组织公民行为，如建言行为。同时，由于关系型自我构念较高的员工拥有较强的关系建构和维持的信念，他们能够通过持续性的、高水平的助人行为的展现来维持和构建关系，从而导致关系型自我构念较高的员工的助人行为随时间的变化幅度较小。与风险性较低的助人行为相比，关系型自我构念较高的员工建言行为的展现仅会出现在特定的情形下，如确认该建言行为不会破坏现有的人际关系。由此可见，关系型自我构念较高的员工的建言行为的展现与环境线索密切相关，换句话说，关系型自我构念较高的员工建言行为随时间变化的幅度较大。关系型自我构念较低的员工并不把关系建构看作是核心的自我评价方式，因此，并不十分刻意地去构建关系。他们只有在需要去建立或发展关系时，才会表现出较多的助人行为。可见，关系型自我构念较低的员工，助人行为的展现与自身对关系的需求密切相关。由于这一需求的变化幅度较大，导致助人行为随时间的变化幅度较大。与此同时，关系型自我构念较低的员工对关系冲突不敏感，能够通过持续性的、高水平的建言行为的展现来降低环境中的负面因素对员工组织社会化的影响。因此，关系型自我构念较低的员工建言行为随时间变化的幅度较小。

综上所述，本书提出如下假设：

H9：关系型自我构念能够调节员工助人行为和建言行为的变化趋势，与关系型自我构念较高的情境相比，在关系型自我构念较低的情境下，员工助人行为（H9a）随时间的变化幅度更大，建言行为（H9b）随时间的变化幅度更小。

七、变革型领导

最早提出变革型领导概念的是伯恩斯（Burns，1978），他在其《领导力》一书中通过对变革型领导和交易型领导的对比研究，将变革型领导界定为具备较高的专业素质、较强的业务能力并能够激发员工的高层次需求、提升员工的工作积极性，从而实现组织目标的领导方式。在此基础上，巴斯（Bass，1985）指出，变革型领导和交易型领导并不是相互排斥的两级，而是两种不同的领导风格，并提出了变革型领导的三维构念，即魅力感召、智力激发和个性化关怀。随后，萨尔茨等（Seltzer et al.，1990）进一步将"魅力感召"划分为领导魅力和感召力两个维度，并最终将变革型领导定义为领导者通过自身的领导感召力、领导魅力智力激发和个性化关怀等，使员工意识到承担责任和任务的重要性，激发员工高层次的需求，从而使员工最大限度地发掘自身潜力以取得高水平的绩效表现。其中，领导感召力又称鼓舞性激励，具体是指领导通过愿景描绘、目标设定等方式来提升员工的工作预期、激发员工的工作动力，从而使其表现出超出预期的绩效水平；领导魅力又称理想化影响力，是指领导者通过高尚的情操、真诚地待人及值得信任的品质来得到员工的广泛认同，增强员工对组织的热情；智力激发是指领导在工作中能够为员工提供相应的资源、技能和经验等方面的帮助，同时能够通过激发员工的创新思维能力、鼓励员工挑战现状等方式提高员工的创新能力；个性化关怀是指领导对每位员工的需求进行全方位的关注和了解，以保证每位员工都能得到对应的关怀。巴斯的这个界定和维度划分得到了多数学者的认同。基于此，本书也采用巴斯对变革型领导的界定和维度划分结果。

学者们基本上采用问卷调查的方式测量变革型领导，目前使用较多的量表包括巴斯等开发的包含 20 个题项的 MLQ（multifactor leadership questionnaire）量表、李超平等开发的包含 26 个题项的变革型领导量表、珀萨科夫（Podsakoff）等学者开发的六维度量表等。其中巴斯等开发的 MLQ 量表使用得最为广泛。该量表也被我国学者证实在中国情境下是有效的（曲如杰和康海琴，2014；阎婧、刘志迎和郑晓峰，2016）。因此，本书也采用巴斯等开发的 MLQ 量表测量变革型领导。

八、变革型领导对组织公民行为变化趋势的调节效应

员工组织社会化过程不仅会受到员工自身因素的影响，而且还会受到组织情境因素的影响（Lee，Veasna & Wu，2013）。主管领导作为员工最

直接、最重要的组织情境之一，必然会对组织社会化进程中员工的组织公民行为产生影响。在高变革型领导的情境下，员工会表现出更多的助人行为和建言行为。这是因为在组织社会化过程中，高变革型领导能够通过愿景激励、个性化关怀等向员工传达组织的目标，关心并帮助员工适应工作，以减少员工对环境的不确定性感知。与此同时，员工也能够将自身的发展与企业的发展相联系，提高自身对企业的依附性，并出于互惠因素的考虑，会表现出更多的助人行为以回报企业。同样，高变革型领导能够通过智力激发和理想化影响力等鼓励员工挑战现状，采用新颖的方式解决问题等来激发员工的建言行为，以减少不确定性对员工建言行为的阻抑作用，促使员工表现出更多的建言行为。因此，在高变革型领导的情境下，员工能够持续地感受到主管领导提供的支持与帮助，因而倾向于持续地展现其组织公民行为。换句话说，在高变革型领导的情境下，组织公民行为随时间变化的幅度不大。相反，由于低变革型领导的情境并没有为组织公民行为的产生提供相应的资源和支持，因而很难激发出员工的组织公民行为。只有当员工产生内在需求时，如需要获取某些资源来完成任务等，才会展现出相应的组织公民行为。如果员工的这种需求波动较大，会导致组织公民行为随时间的变化幅度较大。

综上所述，本书提出如下假设：

H10：变革型领导能够调节员工助人行为和建言行为的变化趋势，与变革型领导较强的情境相比，在变革型领导较弱的情境下，员工助人行为（H10a）和建言行为（H10b）随时间的变化幅度更大。

第二节　研究设计

由于本章选用的四个调节变量的测量均采用国外的成熟量表，虽然大部分已被验证具有跨文化的有效性，但为进一步保证这些量表在我国情境下的适用性，笔者首先邀请了两名管理学博士和两名英语专业硕士对量表进行了翻译—回译工作，并邀请了一位管理学专家对翻译后的量表进行了审查；然后进行了小样本的预测试，通过检验各量表的信效度判断其有效性；最后，依据专家的建议和信效度检验结果，对量表的题项进行修改或删减，形成正式问卷。

一、初始问卷的设计

鉴于第三章已完成组织公民行为变量及相关控制变量的问卷设计工作，本章的初始问卷设计仅涉及新增的四个调节变量，即主动性人格、任务互依性、关系型自我构念和变革型领导的测量。

（1）主动性人格：本书采用帕克等（1998）改编的简化版量表测量员工的主动性人格。该量表共包含 6 个题项，代表性题目如"遇到问题时，我会直面它""不论成功的几率有多大，如果我相信某件事，我就会去做""如果我坚信一个观点，没有什么能阻止我实现它"等。

（2）任务互依性：本书采用比舍普等（2000）设计的单维量表测量任务互依性。该量表共包含 4 个题项，代表性题目如"为了完成本职工作任务，我必须依赖于其他同事""在工作中，我必须频繁地与他人合作""我与团队中其他人的工作是相互关联的"等。

（3）关系型自我构念：本书采用克罗斯等（2000）开发的单维量表测量员工的关系型自我构念。该量表共包含 11 个题项，代表性题目如"我和他人的亲密关系是我自身的重要体现""当与我亲密的人取得了重要的成就时，我通常会有一种强烈的自豪感""如果有人伤害了我亲密的朋友，我也会感觉受到了伤害"等。

（4）变革型领导：本书采用巴斯（1995）开发的四维量表测量变革型领导。该量表包含理想化影响力、鼓舞性激励、个性化关怀和智力激发四个维度。其中，理想化影响力包含 8 个题项，代表性题项如"我的上司经常与我谈论他认为最为重要的价值观和信仰"等；鼓舞性激励包含 4 个题项，代表性题项如"我的上司能够充满热情地谈论接下来需要完成的事情"等；个性化关怀包含 4 个题项，代表性题项如"我的上司会重视我独特的需求、能力和愿景"等；智力激发包含 4 个题项，代表性题项如"我的上司能够使我从不同的方面思考问题"等。

本章的初始问卷见附件 1 中的 C 部分。

二、小样本预测试

由于本章初始问卷的发放时间和流程与第三章完全相同，因此不再赘述。在此，仅报告预测试的检验结果。

（一）项目分析

1. 主动性人格量表的项目分析

主动性人格量表各题项决断值的分析结果如表 4 – 1 所示。从表 4 – 1 可以看出，主动性人格量表各题项的独立样本 T 检验结果均达显著水平。这说明，主动性人格量表的题项具有较强的鉴别度，无须删除任何题项。

表 4 – 1　　　　　　　主动性人格量表的独立样本 T 检验

题项	T 检验
主动性人格 1	20. 017 ***
主动性人格 2	19. 020 ***
主动性人格 3	22. 965 ***
主动性人格 4	20. 349 ***
主动性人格 5	27. 980 ***
主动性人格 6	28. 830 ***

注：*** p < 0.001（双侧检验）。

主动性人格量表各题项与其总分的相关性分析如表 4 – 2 所示。表 4 – 2 显示，主动性人格量表的各题项与总分的相关性均达显著水平，且相关系数均大于 0.4，说明主动性人格量表的各题项与其总分之间的同质性较高，无须删除任何题项。

表 4 – 2　　　　　　　主动性人格量表各题项与总分的相关分析

题项	R
主动性人格 1	0. 808 **
主动性人格 2	0. 839 **

题项	R
主动性人格 3	0.828 **
主动性人格 4	0.888 **
主动性人格 5	0.966 **
主动性人格 6	0.954 **

注：** p < 0.01（双侧检验）。

2. 任务互依性量表的项目分析

任务互依性量表各题项的决断值的分析结果如表 4 - 3 所示。表 4 - 3 显示，任务互依性量表各题项的独立样本 T 检验结果均达显著水平。这说明，任务互依性量表的题项具有较强的鉴别度，无须删除任何题项。

表 4 - 3　　　　　　　　　任务互依性量表的独立样本 T 检验

题项	T 检验
任务互依性 1	23.442 ***
任务互依性 2	15.255 ***
任务互依性 3	24.959 ***
任务互依性 4	14.922 ***

注：*** p < 0.001（双侧检验）。

任务互依性量表各题项与其总分的相关性分析如表 4 - 4 所示，表 4 - 4 显示，任务互依性量表的各题项与总分的相关性均达显著水平，且相关系数均大于 0.4，说明任务互依性量表的各题项与其总分之间的同质性较高，无须删除任何题项。

表 4 - 4　　　　　　　任务互依性量表各题项与总分的相关分析

题项	R
任务互依性 1	0.894 **
任务互依性 2	0.756 **
任务互依性 3	0.935 **
任务互依性 4	0.780 **

注：** p < 0.01（双侧检验）。

3. 关系型自我构念量表的项目分析

关系型自我构念量表各题项的决断值的分析结果如表 4 - 5 所示。表 4 - 5 显示，关系型自我构念量表各题项的独立样本 T 检验结果均达显著水平。这说明，关系型自我构念量表的题项具有较强的鉴别度，无须删除任何题项。

表 4 - 5　　　　　关系型自我构念量表的独立样本 T 检验

题项	T 检验
关系型自我构念 1	25. 567 ***
关系型自我构念 2	19. 335 ***
关系型自我构念 3	18. 892 ***
关系型自我构念 4	16. 447 ***
关系型自我构念 5	25. 472 ***
关系型自我构念 6	21. 999 ***
关系型自我构念 7	12. 621 ***
关系型自我构念 8	15. 105 ***
关系型自我构念 9	19. 210 ***
关系型自我构念 10	31. 543 ***
关系型自我构念 11	12. 280 ***

注：*** $p < 0.001$（双侧检验）。

关系型自我构念量表各题项与其总分的相关性分析如表 4 - 6 所示。表 4 - 6 显示，关系型自我构念量表的各题项与总分的相关性均达显著水平，且相关系数均大于 0.4，说明关系型自我构念量表的各题项与其总分之间的同质性较高，无须删除任何题项。

表 4 - 6　　　　　关系型自我构念量表各题项与总分的相关分析

题项	R
关系型自我构念 1	0. 909 **
关系型自我构念 2	0. 837 **
关系型自我构念 3	0. 826 **
关系型自我构念 4	0. 755 **

续表

题项	R
关系型自我构念 5	0.891 **
关系型自我构念 6	0.823 **
关系型自我构念 7	0.700 **
关系型自我构念 8	0.733 **
关系型自我构念 9	0.854 **
关系型自我构念 10	0.900 **
关系型自我构念 11	0.538 **

注：** p < 0.01（双侧检验）。

4. 变革型领导量表的项目分析

变革型领导量表各题项的决断值分析的结果如表 4 - 7 所示。表 4 - 7 显示，变革型领导量表各题项的独立样本 T 检验结果均达显著水平，说明变革型领导量表的题项具有较强的鉴别度，无须删除任何题项。

表 4 - 7　　　　　　　变革型领导量表的独立样本 T 检验

题项	T 检验
理想化影响力 1	23.549 ***
理想化影响力 2	24.721 ***
理想化影响力 3	18.155 ***
理想化影响力 4	19.199 ***
理想化影响力 5	17.634 ***
理想化影响力 6	19.020 ***
理想化影响力 7	22.013 ***
理想化影响力 8	22.925 ***
鼓舞性激励 1	32.171 ***
鼓舞性激励 2	37.399 ***
鼓舞性激励 3	31.624 ***
鼓舞性激励 4	37.468 ***
智力激发 1	33.092 ***
智力激发 2	30.044 ***
智力激发 3	26.116 ***

续表

题项	T 检验
智力激发 4	28.419 ***
个性化关怀 1	22.773 ***
个性化关怀 2	19.474 ***
个性化关怀 3	20.213 ***
个性化关怀 4	19.935 ***

注：*** p < 0.001（双侧检验）。

变革型领导量表各题项与其总分的相关性分析如表 4 – 8 所示。表 4 – 8 显示，变革型领导量表的各题项与总分的相关性均达显著水平，且相关系数均大于 0.4，说明变革型领导量表的各题项与其分量表之间的同质性较高，无须删除任何题项。

表 4 – 8　　　　　　变革型领导量表各题项与总分的相关分析

题项	R
理想化影响力 1	0.923 **
理想化影响力 2	0.865 **
理想化影响力 3	0.826 **
理想化影响力 4	0.826 **
理想化影响力 5	0.802 **
理想化影响力 6	0.825 **
理想化影响力 7	0.858 **
理想化影响力 8	0.901 **
鼓舞性激励 1	0.957 **
鼓舞性激励 2	0.957 **
鼓舞性激励 3	0.957 **
鼓舞性激励 4	0.967 **
智力激发 1	0.947 **
智力激发 2	0.961 **
智力激发 3	0.920 **
智力激发 4	0.940 **

题项	R
个性化关怀 1	0.909 **
个性化关怀 2	0.853 **
个性化关怀 3	0.845 **
个性化关怀 4	0.885 **

注： ** p < 0.01 （双侧检验）。

（二）信度检验

1. 主动性人格量表的信度分析

主动性人格量表的信度分析结果如表 4 - 9 所示。表 4 - 9 显示，主动性人格量表的 α 值为 0.939。根据表 3 - 10 的判断标准，主动性人格量表的内部一致性系数达到"非常理想"的水平。同时，主动性人格量表各题项的 CITC 均大于 0.5，且删除个别题项都不能使量表信度得到提高，所以，保留主动性人格量表的全部题项。

表 4 - 9 主动性人格量表内部一致性信度分析结果

题项	CITC	项已删除时的 Cronbach's α 值	分量表 α 值
主动性人格 1	0.717	0.939	
主动性人格 2	0.759	0.936	
主动性人格 3	0.746	0.937	0.939
主动性人格 4	0.839	0.925	
主动性人格 5	0.951	0.912	
主动性人格 6	0.933	0.914	

2. 任务互依性量表的信度分析

任务互依性量表的信度分析结果如表 4 - 10 所示。表 4 - 10 显示，任务互依性量表的 α 值为 0.855。根据表 3 - 10 的判断标准，任务互依性量表的内部一致性系数达到"佳"的水平，同时任务互依性量表各题项的 CITC 均大于 0.5，且删除个别题项都不能使量表信度得到提高，所以保留任务互依性量表的全部题项。

表 4 – 10　　　　　任务互依性量表内部一致性信度分析结果

题项	CITC	项已删除时的 Cronbach's α 值	分量表 α 值
任务互依性 1	0.763	0.796	
任务互依性 2	0.643	0.851	0.855
任务互依性 3	0.853	0.746	
任务互依性 4	0.655	0.839	

3. 关系型自我构念量表的信度分析

关系型自我构念量表的信度分析结果如表 4 – 11 所示。表 4 – 11 显示，关系型自我构念量表的 α 值为 0.942。根据表 3 – 10 的判断标准，关系型自我构念量表的内部一致性系数达到"非常理想"的水平，同时关系型自我构念量表各题项的 CITC 均大于 0.5，且删除个别题项都不能使量表信度得到提高，所以保留关系型自我构念量表的全部题项。

表 4 – 11　　　　　关系型自我构念量表内部一致性信度分析结果

题项	CITC	项已删除时的 Cronbach's α 值	分量表 α 值
关系型自我构念 1	0.883	0.931	
关系型自我构念 2	0.799	0.934	
关系型自我构念 3	0.778	0.935	
关系型自我构念 4	0.714	0.938	
关系型自我构念 5	0.854	0.932	
关系型自我构念 6	0.785	0.935	0.942
关系型自我构念 7	0.636	0.941	
关系型自我构念 8	0.688	0.939	
关系型自我构念 9	0.822	0.934	
关系型自我构念 10	0.862	0.933	
关系型自我构念 11	0.584	0.942	

4. 变革型领导量表的信度分析

变革型领导量表的信度分析结果如表 4 – 12 所示。表 4 – 12 显示，变革型领导总量表的 Cronbach's α 值为 0.960，理想化影响力分量表的 α 值为

0.945，鼓舞性激励分量表的 α 值为 0.970，智力激发分量表的 α 值为
0.958，个性化关怀分量表的 α 值为 0.894。根据表 3 - 10 的判断标准，个
性化关怀分量表的内部一致性信度达到了"佳"的水平。变革型领导总量
表、理想化影响力分量表、鼓舞性激励分量表及智力激发分量表的内部一
致性信度都达到了"理想"的水平。同时，变革型领导量表各题项的
CITC 均大于 0.5，且删除个别题项都不能使量表信度得到提高，所以保留
变革型领导量表的全部题项。

表 4 - 12　　　　变革型领导量表内部一致性信度分析结果

题项	CITC	项已删除时的 Cronbach's α 值	分量表 α 值
理想化影响力 1	0.900	0.932	
理想化影响力 2	0.818	0.936	
理想化影响力 3	0.767	0.940	
理想化影响力 4	0.766	0.940	
理想化影响力 5	0.741	0.941	0.945
理想化影响力 6	0.766	0.940	
理想化影响力 7	0.806	0.937	
理想化影响力 8	0.870	0.933	
鼓舞性激励 1	0.926	0.961	
鼓舞性激励 2	0.919	0.963	
鼓舞性激励 3	0.924	0.961	0.970
鼓舞性激励 4	0.939	0.957	
智力激发 1	0.903	0.942	
智力激发 2	0.932	0.934	
智力激发 3	0.860	0.955	0.958
智力激发 4	0.892	0.946	
个性化关怀 1	0.831	0.840	
个性化关怀 2	0.725	0.881	
个性化关怀 3	0.721	0.881	0.894
个性化关怀 4	0.798	0.854	

（三）效度检验

1. 主动性人格量表的效度分析

在对主动性人格量表进行因子分析之前，首先通过 KMO 和 Bartlett's 球形度检验来判断其是否适合进行因子分析。从表 4－13 可以看出，主动性人格量表的 KMO 值为 0.871，Bartlett's 球形度检验达到了显著水平，说明主动性人格量表适合进行因子分析，因子分析结果如表 4－14 所示。

表 4－13　　　　　主动性人格量表 KMO 和 Bartlett 检验

KMO 值		0.871
Bartlett 球体检验	卡方统计值	1964.556
	自由度	15
	显著性	0.000

表 4－14　　　　　　　主动性人格量表因子分析

题项	因素（标准化因子载荷）	AVE 值
	1	
主动性人格 5	0.972	
主动性人格 6	0.959	
主动性人格 4	0.897	0.780
主动性人格 2	0.835	
主动性人格 3	0.824	
主动性人格 1	0.796	
各因素方差解释量（%）	77.977	
总方差解释量（%）	77.977	

从表 4－14 中可以看出，主动性人格量表的因子分析共抽取一个因子，总方差的解释量为 77.977%（高于 40%），符合原量表单维度的构想，同时每个题项的标准化因子载荷系数均大于 0.5，且该量表的 AVE 值也大于 0.5，说明主动性人格量表具有良好的收敛效度。

2. 任务互依性量表的效度分析

在对任务互依性量表进行因子分析之前，首先通过 KMO 和 Bartlett's 球形度检验来判断其是否适合进行因子分析。从表 4-15 可以看出，任务互依性量表的 KMO 值为 0.791，Bartlett's 球形度检验达到了显著水平，说明任务互依性量表适合进行因子分析，因子分析结果如表 4-16 所示。

表 4-15　　　　　　　任务互依性量表 KMO 和 Bartlett 检验

KMO 值		0.791
Bartlett 球体检验	卡方统计值	1107.975
	自由度	6
	显著性	0.000

从表 4-16 中可以看出，任务互依性量表的因子分析共抽取一个因子，总方差的解释量为 71.940%（高于 40%），符合原量表单维度的构想，同时每个题项的标准化因子载荷系数均大于 0.5，且该量表的 AVE 值也大于 0.5，说明任务互依性量表具有良好的收敛效度。

表 4-16　　　　　　　任务互依性量表因子分析

题项	因素（标准化因子载荷）	AVE 值
	1	
任务互依性 3	0.900	
任务互依性 1	0.848	0.719
任务互依性 4	0.830	
任务互依性 2	0.812	
各因素方差解释量（%）	71.940	
总方差解释量（%）	71.940	

3. 关系型自我构念量表的效度分析

在对关系型自我构念量表进行因子分析之前，首先通过 KMO 和 Bartlett's 球形度检验来判断其是否适合进行因子分析。从表 4-17 可以看出，关系型自我构念量表的 KMO 值为 0.881，Bartlett's 球形度检验达到了显著水平，说明关系型自我构念量表适合进行因子分析，因子分析结果如表 4-18 所示。

表 4 – 17   关系型自我构念量表 KMO 和 Bartlett 检验

KMO 值		0.881
Bartlett 球体检验	卡方统计值	3478.720
	自由度	55
	显著性	0.000

从表 4 – 18 中可以看出，关系型自我构念量表因子分析共抽取一个因子，总方差的解释量为 64.851%（高于 40%），符合原量表单维度的构想，同时每个题项的标准化因子载荷系数均大于 0.5，且该量表的 AVE 值也大于 0.5，说明关系型自我构念量表具有良好的收敛效度。

表 4 – 18   关系型自我构念量表因子分析

题项	因素（标准化因子载荷）	AVE 值
	1	
关系型自我构念 1	0.916	
关系型自我构念 10	0.875	
关系型自我构念 9	0.872	
关系型自我构念 5	0.864	
关系型自我构念 2	0.851	
关系型自我构念 6	0.837	0.649
关系型自我构念 3	0.800	
关系型自我构念 4	0.780	
关系型自我构念 8	0.760	
关系型自我构念 7	0.669	
关系型自我构念 11	0.567	
各因素方差解释量（%）	64.851	
总方差解释量（%）	64.851	

4. 变革型领导量表的效度分析

在对变革型领导量表进行因子分析之前，首先通过 KMO 和 Bartlett's 球形度检验来判断其是否适合进行因子分析。从表 4 – 19 可以看出，变革型领导量表的 KMO 值为 0.917，Bartlett's 球形度检验也达到了显著水平，说明变革型领导量表适合进行因子分析，因子分析结果如表 4 – 20 所示。

表 4 – 19　　　　　　变革型领导量表 KMO 和 Bartlett 检验

KMO 值		0.917
Bartlett 球体检验	卡方统计值	7061.336
	自由度	190
	显著性	0.000

从表 4 – 20 中可以看出，变革型领导量表的因子分析共抽取四个因子，总方差的解释量为 82.291%（高于 40%），符合原量表四维度的构想，同时每个题项的标准化因子载荷系数均大于 0.5，且四个维度的 AVE 值也均大于 0.5，说明变革型领导量表具有良好的收敛效度。

表 4 – 20　　　　　　　变革型领导量表因子分析

题项	因素 （标准化因子载荷）				AVE 值
	1	2	3	4	
理想化影响力 7	**0.847**	0.197	0.094	0.208	
理想化影响力 2	**0.788**	0.308	0.168	0.206	
理想化影响力 1	**0.755**	0.177	0.434	0.279	
理想化影响力 8	**0.732**	0.189	0.451	0.227	0.542
理想化影响力 3	**0.722**	0.207	0.312	0.153	
理想化影响力 4	**0.713**	0.192	0.318	0.188	
理想化影响力 6	**0.691**	0.228	0.330	0.181	
理想化影响力 5	**0.617**	0.181	0.452	0.220	
鼓舞性激励 1	0.122	**0.883**	0.318	0.223	
鼓舞性激励 2	0.256	**0.880**	0.198	0.230	0.768
鼓舞性激励 3	0.392	**0.873**	0.065	0.183	
鼓舞性激励 4	0.263	**0.870**	0.193	0.237	
智力激发 2	0.226	0.220	0.284	**0.867**	
智力激发 1	0.071	0.217	0.412	**0.861**	0.708
智力激发 4	0.376	0.255	0.133	**0.827**	
智力激发 3	0.378	0.237	0.125	**0.809**	

题项	因素（标准化因子载荷）				AVE 值
	1	2	3	4	
个性化关怀1	0.299	0.215	**0.784**	0.271	
个性化关怀4	0.372	0.145	**0.757**	0.247	0.549
个性化关怀2	0.305	0.181	**0.755**	0.177	
个性化关怀3	0.400	0.250	**0.663**	0.194	
各因素方差解释量（%）	27.276	19.081	18.015	17.918	
总方差解释量（%）	82.291				

此外，由于变革型领导量表包含四个维度，需要对其进行区别效度的检验，按照上述区别效度的检验方法，分析整理得到表 4 - 21 的结果。表 4 - 21 显示，无论是"理想化影响力""鼓舞性激励""智力激发"还是"个性化关怀"，各维度的 AVE 值均大于两维度间相关系数的平方值，说明这四个维度具有良好的区别效度。

表 4 - 21　　　　　　　　变革型领导量表区别效度分析

	理想化影响力	鼓舞性激励	智力激发	个性化关怀
理想化影响力	**0.542**			
鼓舞性激励	0.343	**0.768**		
智力激发	0.372	0.307	**0.708**	
个性化关怀	0.511	0.294	0.368	**0.549**

注：对角线上是 AVE 值，对角线下方是维度间相关系数的平方值。

三、研究样本与数据收集

本章正式问卷的发放流程与第三章相同，不同的是主动性人格、任务互依性、关系型自我构念和变革型领导均属于相对稳定的人格特质或工作特征类变量，在短时间内不会发生改变，因此，本书将上述四个变量的变化固定在个体层面。在问卷发放过程中，主动性人格、任务互依性、关系型自我构念和变革型领导均包含在前测问卷中,由员工本人填写。样本描述性统计分析见第三节表 3 – 23、表 3 – 24、表 3 – 25。

第三节 数据分析与假设检验

一、信度检验

本书运用 SPSS 20.0 对主动性人格、任务互依性、关系型自我构念和变革型领导进行信度检验,以保证数据收集的可靠性。信度检验结果如表 4 – 22 所示。从表 4 – 22 可以看出,各变量的 Cronbach's α 均大于 0.8,表明各量表均具有较高的信度。

表 4 – 22　　　　　　　　　　正式问卷信度检验结果

变量	Cronbach's α
主动性人格	0.854
任务互依性	0.808
关系型自我构念	0.867
变革型领导	0.957

二、描述性统计分析及相关分析

描述性统计分析和相关分析结果见表 4 – 23。由表 4 – 23 可以看出,主动性人格与建言行为和助人行为的各测量时点均正相关,任务互依性与助人行为的各测量时点正相关,关系型自我构念与建言行为各测量时点负相关,而与助人行为的各测量时点正相关。变革型领导与建言行为和助人行为的各测量时点均正相关。这些相关分析的结果初步验证了本章的研究假设,接下来本书将运用多层线性模型对本章的假设进行进一步的检验。

表 4-23

各变量的均值、标准差和相关系数

变量	MN	SD	1	2	3	4	5	6	7	8	9	10	11	12	13	14
1. T1 SC	3.87	1.15	1													
2. T2 SC	4.13	0.97	0.704**	1												
3. T3 SC	4.26	0.98	0.595**	0.806**	1											
4. T4 SC	4.22	1.13	0.600**	0.790**	0.817**	1										
5. T5 SC	4.08	1.23	0.610**	0.764**	0.765**	0.809**	1									
6. T1 SA	4.60	1.18	0.276**	0.263**	0.069*	0.146**	0.213**	1								
7. T2 SA	4.91	0.95	0.203**	0.271**	0.199**	0.253**	0.293**	0.711**	1							
8. T3 SA	5.32	0.81	0.043	0.142**	0.215**	0.218**	0.239**	0.399**	0.673**	1						
9. T4 SA	5.23	0.86	0.068*	0.180**	0.233**	0.256**	0.278**	0.401**	0.602**	0.739**	1					
10. T5 SA	4.82	0.94	0.125**	0.239**	0.213**	0.249**	0.289**	0.527**	0.685**	0.661**	0.697**	1				
11. T1 PA	4.31	1.09	0.297**	0.375**	0.341**	0.387**	0.424**	0.300**	0.300**	0.189**	0.246**	0.262**	1			
12. T2 TI	4.04	1.09	-0.006	0.021	0.087*	0.066	0.040	-0.018	0.094**	0.206**	0.155**	0.102**	-0.038	1		
13. T3 RS	4.92	0.78	-0.158**	-0.093**	-0.106**	-0.130**	-0.110**	0.136**	0.210**	0.164**	0.199**	0.215**	-0.009	-0.020	1	
14. T4 TF	4.21	1.15	0.136**	0.152**	0.097**	0.148**	0.162**	0.205**	0.198**	0.148**	0.158**	0.175**	-0.026	-0.079*	-0.015	1

注：* $p<0.05$，** $p<0.01$；$N=898$，MN 表示均值，SD 表示标准差，SC 表示自评的建言行为，SA 表示自评的助人行为，PA 表示主动性人格，TI 表示任务互依性，RS 表示关系型自我构念，TF 表示变革型领导，T1~T5 分别表示 1~5 个测量时点。

三、假设检验

（一）主动性人格对组织公民行为变化趋势的调节效应

为检验主动性人格对组织公民行为变化趋势的调节效应，本书首先检验了主动性人格对组织公民行为变化趋势的影响，然后依据跨层次的方法检验主动性人格的调节效应，结果见表 4 – 24 和表 4 – 25。由表 4 – 24 可知，主动性人格对新员工（模型 1）、工作变更期员工（模型 3）和老员工（模型 5）的助人行为均有显著的正向影响（$\gamma_{10} = 0.172$，$p < 0.001$；$\gamma_{10} = 0.137$，$p < 0.05$；$\gamma_{10} = 0.358$，$p < 0.001$）；主动性人格能够调节新员工与工作变更期员工助人行为的曲线关系（$r = 0.022$，$p < 0.001$；$r = 0.023$，$p < 0.05$）及老员工助人行为的线性关系（$r = 0.040$，$p < 0.001$），故假设 H7a 得到验证。

表 4 – 24　　　　　　　主动型人格对助人行为的多层线性分析

变量	模型 1（N）	模型 2（N）	模型 3（C）	模型 4（C）	模型 5（I）	模型 6（I）
截距项						
γ_{00}	2.68 ***	2.51 ***	3.58 ***	3.27 ***	5.91 ***	5.91 ***
控制变量（Level2）						
性别	0.070	0.048	0.145	0.178	− 0.006	0.017
年龄	− 0.001	0.005	− 0.014	− 0.008	− 0.005	− 0.005
学历	− 0.058	− 0.054	0.003	0.023	− 0.003	− 0.004
D1	0.088	0.112	0.033	− 0.071	− 0.091	− 0.103
D2	− 0.033	− 0.025	− 0.318	− 0.372 *	− 0.106	− 0.120
D3	− 0.000	0.059	− 0.183	− 0.193	− 0.058	− 0.095
D4	− 0.307	− 0.204	− 0.312	− 0.342	− 0.122	− 0.120
控制变量（Level1）						
任务绩效	− 0.018	− 0.001	− 0.085 **	− 0.059 *	− 0.024	− 0.022
LMX	− 0.026	− 0.035	0.025	0.002	− 0.011	− 0.012

续表

变量	模型 1（N）	模型 2（N）	模型 3（C）	模型 4（C）	模型 5（I）	模型 6（I）
自变量						
T	1.784***	1.786***	1.501***	1.519***	-0.094***	-0.095***
T^2	-0.262***	-0.263***	-0.204***	-0.206***		
PA	0.172***	0.440***	0.137*	0.174	0.358***	0.238***
调节变量						
T×PA		-0.170***		-0.090*		0.040***
T^2×PA		0.022***		0.023*		
方差						
Level-1 残差 δ^2	0.277	0.199	0.319	0.218	0.253	0.236
截距方差 τ_{00}	0.450***	1.308***	0.448***	2.385***	0.447***	0.348***

注：* p<0.05，** p<0.01，*** p<0.001；D1、D2、D3、D4 为工作岗位的哑变量，以市场/销售作为哑变量设置的基础，T 和 T^2 分别代表时间变量的一次项和二次项，LMX 代表领导成员交换关系，PA 代表主动性人格。

为更好地展示调节效应，根据科恩等（Cohen et al.，2003）推荐的程序，本书分别以高于均值一个标准差和低于均值一个标准差作为基准来区分高/低主动性人格。图 4-1～图 4-3 描绘出了主动性人格对新员工、工作变更期员工和老员工助人行为变化趋势的调节效应。从图 4-1 可以看出，主动性人格并没有改变新员工助人行为的变化趋势，也就是说，无论主动性人格的得分是高还是低，新员工的助人行为都会随着时间的推移表现出先升后降的倒"U"型曲线关系。与主动性人格较高的新员工相比，主动性人格较低的新员工随着社会化进程的不断深入，其助人行为的变化幅度更大。从图 4-2 可以看出，主动性人格并没有改变工作变更期员工助人行为的变化趋势，也就是说，无论主动性人格的得分是高还是低，工作变更期员工的助人行为都会随着时间的推移表现出先升后降的倒"U"型曲线关系。与主动性人格较高的工作变更期员工相比，主动性人格较低的工作变更期员工随着组织社会化进程的不断深入，其助人行为的变化幅度更大。从图 4-3 可以看出，图 4-1、图 4-2 主动性人格并没有改变老员工助人行为的变化趋势，也就是说，无论主动性人格的得分是高还是低，老员工的助人行为都会随着时间的推移表现出逐渐降低的趋势，只是降低的幅度不同而已。与主动性人格较低的老员工相比，主动性人格较高的老员工随着时间的推移，其助人行为降低的幅度更小。

综上所述，假设 H7a 得到验证。

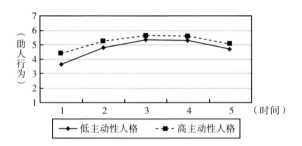

图 4 - 1　主动性人格对新员工助人行为变化趋势的调节作用

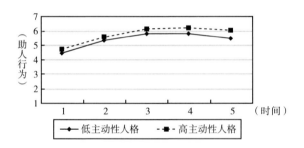

图 4 - 2　主动性人格对工作变更期员工助人行为变化趋势的调节作用

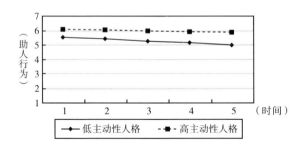

图 4 - 3　主动性人格对老员工助人行为变化趋势的调节作用

由表 4 - 25 可知，主动性人格对新员工（模型 1）、工作变更期员工（模型 3）和老员工（模型 5）的建言行为均有显著的正向影响（γ_{10} = 0.218，$p < 0.001$；γ_{10} = 0.296，$p < 0.01$；γ_{10} = 0.597，$p < 0.001$）；主动

性人格能够调节新员工建言行为的曲线关系（r = 0.012，p < 0.05）及老员工建言行为的线性关系（r = 0.102，p < 0.001），但无法调节工作变更期员工建言行为的曲线关系（r = −0.010，p = n. s.），故假设 H7b 得到部分验证。

表4 –25　　　　　　　　主动型人格对建言行为的多层线性分析

变量	模型1（N）	模型2（N）	模型3（C）	模型4（C）	模型5（I）	模型6（I）
截距项 γ_{00}	2.96 ***	2.97 ***	4.24 ***	4.14 ***	4.81 ***	4.79 ***
控制变量（Level2）						
性别	− 0.129	− 0.079	0.116	0.138	− 0.090	− 0.091
年龄	− 0.013	− 0.014	− 0.025 *	− 0.025 *	− 0.013	− 0.014
学历	0.068	0.088	− 0.052	− 0.033	− 0.037	− 0.038
D1	0.075	0.060	0.060	0.040	− 0.121	− 0.123
D2	0.334	0.218	0.154	0.074	− 0.100	− 0.093
D3	0.058	− 0.041	− 0.551	− 0.439	− 0.192	− 0.197
D4	− 0.414	− 0.498 ***	0.018	0.069	− 0.327 *	− 0.323 *
控制变量（Level1）						
任务绩效	− 0.053	− 0.046	− 0.030	− 0.008	− 0.000	0.004
LMX	0.002	− 0.013	0.027	0.025	0.035 *	0.040 **
自变量						
T	0.974 ***	0.975 ***	0.720 ***	0.698 ***	− 0.032 **	− 0.035 ***
T^2	− 0.140 ***	− 0.140 ***	− 0.094 ***	− 0.092 ***		
PA	0.218 ***	0.236 ***	0.296 **	0.289	0.597 ***	0.289 ***
调节变量						
T × PA		− 0.049		0.035		0.102 ***
T^2 × PA		0.012 *		− 0.010		
方差						
Level − 1 残差 δ^2	0.315	0.201	0.324	0.167	0.294	0.245
截距方差 τ_{00}	0.797 ***	1.258 ***	0.646 ***	3.073 ***	0.510 ***	0.603 ***

注：* p < 0.05，** p < 0.01，*** p < 0.001；D1、D2、D3、D4 为工作岗位的哑变量，以市场/销售作为哑变量设置的基础，T 和 T^2 分别代表时间变量的一次项和二次项，LMX 代表领导成员交换关系，PA 代表主动性人格。

为了更好地展示调节效应，根据科恩推荐的程序，分别以高于均值一个标准差和低于均值一个标准差作为基准来区分高/低主动性人格。图 4 - 4 和图 4 - 5 描绘出了主动性人格对新员工和老员工建言行为变化趋势的调节效应。从图 4 - 4 可以看出，主动性人格并没有改变新员工建言行为的变化趋势，也就是说，无论主动性人格的得分是高还是低，新员工的建言行为都会随着时间的推移表现出先升后降的倒 "U" 型曲线关系。与主动性人格较高的新员工相比，主动性人格较低的新员工随着社会化进程的不断深入，其建言行为的变化幅度更大。从图 4 - 5 可以看出，主动性人格改变了老员工建言行为的变化趋势。主动性人格较高的老员工随着时间的推移会表现出更多的建言行为且建言行为会逐渐增多；主动性人格较低的员工随着时间的推移会表现出更少的建言行为且建言行为会逐渐减少。综上所述，假设 H7b 得到部分验证。

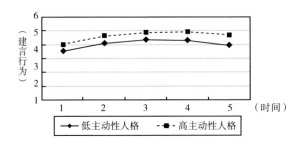

图 4 - 4　主动性人格对新员工建言行为变化趋势的调节作用

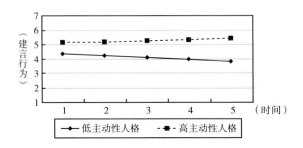

图 4 - 5　主动性人格对老员工建言行为变化趋势的调节作用

（二）任务互依性对组织公民行为变化趋势的调节效应

为检验任务互依性对组织公民行为变化趋势的调节效应，本书首先检验了任务互依性对组织公民行为变化趋势的影响，然后依据跨层次的方法来检验任务互依性的调节效应，结果如表 4 - 26 和表 4 - 27 所示。由表 4 - 26 可知，任务互依性对新员工（模型 1）、工作变更期员工（模型 3）和老员工（模型 5）的助人行为均有显著的正向影响（$\gamma_{10} = 0.260$，$p < 0.001$；$\gamma_{10} = 0.117$，$p < 0.05$；$\gamma_{10} = 0.189$，$p < 0.001$）；任务互依性能够调节新员工与工作变更期员工助人行为的曲线关系（$r = 0.024$，$p < 0.01$；$r = 0.018$，$p < 0.05$）及老员工助人行为的线性关系（$r = 0.023$，$p < 0.01$），故假设 H8a 得到验证。

表 4 - 26 任务互依性对助人行为的多层线性分析

变量	模型 1（N）	模型 2（N）	模型 3（C）	模型 4（C）	模型 5（I）	模型 6（I）
截距项						
γ_{00}	2.85 ***	2.62 ***	3.59 ***	3.35 ***	5.95 ***	5.94 ***
控制变量（Level2）						
性别	0.079	0.052	0.077	0.066	-0.012	0.018
年龄	-0.005	0.002	-0.013	-0.006	-0.004	-0.004
学历	-0.086	-0.081	-0.027	-0.024	-0.035	-0.032
D1	0.136	0.154	0.108	0.041	-0.053	-0.072
D2	-0.064	-0.041	-0.206	-0.194	-0.043	-0.067
D3	0.076	0.134	-0.154	-0.142	-0.076	-0.118
D4	-0.316 *	-0.193	-0.227	-0.201	-0.130	-0.127
控制变量（Level1）						
任务绩效	-0.016	-0.006	-0.084 **	-0.066 **	-0.025	-0.021
LMX	-0.029	-0.039 *	0.025	0.002	-0.010	-0.012
自变量						
T	1.784 ***	1.789 ***	1.501 ***	1.519 ***	-0.094 ***	-0.094 ***
T^2	-0.262 ***	-0.263 ***	-0.204 ***	-0.206 ***		
TI	0.260 ***	0.494 ***	0.117 *	0.156	0.189 ***	0.118 ***

续表

变量	模型 1（N）	模型 2（N）	模型 3（C）	模型 4（C）	模型 5（I）	模型 6（I）
调节变量						
T × TI		− 0.166 **		− 0.057 **		0.023 **
T^2 × TI		0.024 **		0.018 *		
方差						
Level − 1 残差 δ^2	0.277	0.199	0.319	0.219	0.253	0.235
截距方差 τ_{00}	0.451 ***	1.441 ***	0.443 ***	1.525 ***	0.518 ***	0.383 ***

注：* p < 0.05，** p < 0.01，*** p < 0.001；D1、D2、D3、D4 为工作岗位的哑变量，以市场/销售作为哑变量设置的基础，T 和 T^2 分别代表时间变量的一次项和二次项，LMX 代表领导成员交换关系，TI 代表任务互依性。

为更好地展示调节效应，根据科恩推荐的程序，分别以高于均值一个标准差和低于均值一个标准差作为基准来区分高/低任务互依性。图 4 - 6 ~ 图 4 - 8 描绘出了任务互依性对新员工、工作变更期员工和老员工助人行为变化趋势的调节效应。从图 4 - 6 可以看出，任务互依性并没有改变新员工助人行为的变化趋势，也就是说，无论任务互依性的得分是高还是低，新员工的助人行为都会随着时间的推移表现出先升后降的倒"U"型曲线关系。与任务互依性较高的情境相比，任务互依性较低情境下的新员工的助人行为随时间的变化幅度更大。从图 4 - 7 可以看出，任务互依性并没有改变工作变更期员工助人行为的变化趋势，也就是说，无论任务互依性的得分是高还是低，工作变更期员工的助人行为都会随着时间的推移表现出先升后降的倒"U"型曲线关系。与任务互依性较高的情境相比，任务互依性较低情境下的工作变更期员工的助人行为随时间的变化幅度更大。从图 4 - 8 可以看出，任务互依性并没有改变老员工助人行为的变化趋势，也就是说，无论任务互依性的得分是高还是低，老员工的助人行为都会随着时间的推移表现出逐渐降低的趋势，只是降低的幅度不同而已。与任务互依性较低的情境相比，任务互依性较高情境下的老员工的助人行为随时间的变化幅度更小，故假设 H8a 得到验证。

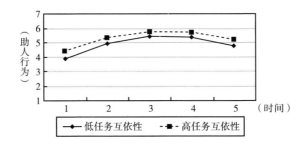

图4-6 任务互依性对新员工助人行为变化趋势的调节作用

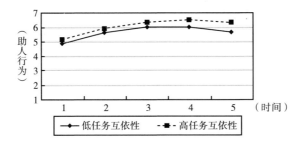

图4-7 任务互依性对工作变更期员工助人行为变化趋势的调节作用

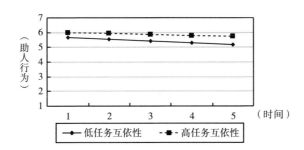

图4-8 任务互依性对老员工助人行为变化趋势的调节作用

由表4-27可知,任务互依性对新员工(模型1)的建言行为有显著的正向影响($\gamma_{10} = 0.279$,$p < 0.001$),对工作变更期员工(模型3)的建言行为有显著的负向影响($\gamma_{10} = -0.203$,$p < 0.001$),而对老员工(模型5)的建言行为没有影响($\gamma_{10} = 0.066$,$p = $n. s.);任务互依性仅调节了工作变更期员工建言行为的曲线关系($r = 0.026$,$p < 0.05$),对新员工和老员工建言行为的曲线关系和线性关系($r = -0.001$,$p = $n. s;$r = -0.017$,$p = $n. s)没有调节作用,故假设H8b得到部分验证。

表 4 - 27 任务互依性对建言行为的多层线性分析

变量	模型 1（N）	模型 2（N）	模型 3（C）	模型 4（C）	模型 5（I）	模型 6（I）
截距项						
γ_{00}	3.18***	3.13***	4.24***	4.12***	5.012***	5.16***
控制变量（Level2）						
性别	-0.118	-0.069	0.126	0.126	-0.099	-0.082
年龄	-0.019	-0.019	-0.018	-0.017	-0.017	-0.022
学历	0.032	0.058	-0.084	-0.064	-0.065	-0.072
D1	0.129	0.108	-0.078	-0.084	-0.129	-0.115
D2	0.297	0.192	-0.005	-0.087	-0.037	-0.029
D3	0.147	0.037	-0.732*	-0.577*	-0.208	-0.233
D4	-0.437	-0.515*	-0.257	-0.158	-0.382	-0.357*
控制变量（Level1）						
任务绩效	-0.051	-0.043	-0.031	-0.012	-0.001	0.005
LMX	-0.000	-0.016	0.024	0.023	0.036**	0.039**
自变量						
T	0.974***	0.975***	0.721***	0.698***	-0.032**	-0.034**
T^2	-0.140***	-0.140***	-0.095***	-0.092***		
TI	0.279***	0.169	-0.203***	0.143	0.066	0.015
调节变量						
T×TI		0.035		-0.206**		0.017
T^2×TI		0.001		0.026*		
方差						
Level-1 残差 δ^2	0.315	0.201	0.324	0.167	0.294	0.245
截距方差 τ_{00}	0.820***	1.148***	0.813***	3.115***	0.832***	0.679***

注：*p<0.05，**p<0.01，***p<0.001；D1、D2、D3、D4 为工作岗位的哑变量，以市场/销售作为哑变量设置的基础，T 和 T^2 分别代表时间变量的一次项和二次项，LMX 代表领导成员交换关系，TI 代表任务互依性。

为了更好地展示调节效应，根据科恩推荐的程序，分别以高于均值一个标准差和低于均值一个标准差作为基准来区分高/低任务互依性。图4-9描绘出了任务互依性对工作变更期员工建言行为变化趋势的调节效应。从图4-9可以看出，任务互依性并没有改变工作变更期员工建言行为的变化趋势，也就是说，无论任务互依性的得分是高还是低，工作变更期员工的建言行为都会随着时间的推移表现出先升后降的倒"U"型曲线关系。与高任务互依性的情境相比，在低任务互依性的情境下，工作变更期员工建言行为的变化幅度更大。故假设H8b得到部分验证。

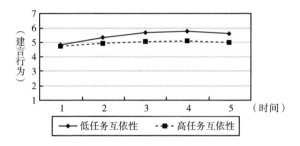

图4-9 任务互依性对工作变更期员工建言行为变化趋势的调节作用

（三）关系型自我构念对组织公民行为变化趋势的调节效应

为检验关系型自我构念对组织公民行为变化趋势的调节效应，本书首先检验了关系型自我构念对组织公民行为变化趋势的影响，然后依据跨层次的方法来检验关系型自我构念的调节效应，结果如表4-28、表4-29所示。

表4-28　　　关系型自我构念对助人行为的多层线性分析

变量	模型1（N）	模型2（N）	模型3（C）	模型4（C）	模型5（I）	模型6（I）
截距项						
γ_{00}	2.96***	2.71***	3.47***	3.122***	5.89***	5.89***
控制变量（Level2）						
性别	0.082	0.055	0.124	0.141	-0.004	0.020
年龄	-0.007	0.001	-0.012	-0.005	-0.003	-0.003

续表

变量	模型 1（N）	模型 2（N）	模型 3（C）	模型 4（C）	模型 5（I）	模型 6（I）
学历	-0.100	-0.090	-0.005	0.010	-0.016	-0.016
D1	0.124	0.143	0.066	-0.017	-0.127	-0.132
D2	-0.070	-0.050	-0.191	-0.174	-0.087	-0.101
D3	0.037	0.097	-0.132	-0.110	-0.067	-0.102
D4	-0.322 *	-0.200	-0.210	-0.177	-0.243	-0.221
控制变量（Level1）						
任务绩效	-0.022	-0.011	-0.085 **	-0.056 *	-0.024	-0.021
LMX	-0.023	-0.034	0.026	0.001	-0.009	-0.011
自变量						
T	1.785 ***	1.789 ***	1.501 ***	1.521 ***	-0.094 ***	-0.094 ***
T^2	-0.262 ***	-0.263 ***	-0.204 ***	-0.207 ***		
RS	0.260 ***	0.537 ***	0.128 *	0.114	0.281 ***	0.122 *
调节变量						
$T \times RS$		-0.165 *		-0.051 *		0.053 ***
$T^2 \times RS$		0.020 *		0.019 *		
方差						
Level-1 残差 δ^2	0.277	0.199	0.319	0.219	0.253	0.235
截距方差 τ_{00}	0.464 ***	1.471 ***	0.442 ***	2.375 ***	0.503 ***	0.391 ***

注：* $p < 0.05$，** $p < 0.01$，*** $p < 0.001$；D1、D2、D3、D4 为工作岗位的哑变量，以市场/销售作为哑变量设置的基础，T 和 T^2 分别代表时间变量的一次项和二次项，LMX 代表领导成员交换关系，RS 代表关系型自我构念。

由表 4-28 可知，关系型自我构念对新员工（模型 1）、工作变更期员工（模型 3）和老员工（模型 5）的助人行为均有显著的正向影响（$\gamma_{10} = 0.260$，$p < 0.001$；$\gamma_{10} = 0.128$，$p < 0.05$；$\gamma_{10} = 0.281$，$p < 0.001$）；关系型自我构念能够调节新员工与工作变更期员工助人行为的曲线关系（$r = 0.020$，$p < 0.05$；$r = 0.019$，$p < 0.05$）及老员工助人行为的线性关系（$r = 0.053$，$p < 0.001$），故假设 H9a 得到验证。

为了更好地展示调节效应，根据科恩推荐的程序，分别以高于均值一个标准差和低于均值一个标准差作为基准来区分高/低关系型自我构念。图 4 - 10 ~ 图 4 - 12 描绘出了关系型自我构念新员工、工作变更期员工和老员工助人行为变化趋势的调节效应。

从图 4 - 10 可以看出，关系型自我构念并没有改变新员工助人行为的变化趋势，也就是说，无论关系型自我构念的得分是高还是低，新员工的助人行为都会随着时间的推移表现出先升后降的倒"U"型曲线关系。与关系型自我构念较高的新员工相比，关系型自我构念较低的新员工随着组织社会化进程的不断深入，其助人行为的变化幅度更大。

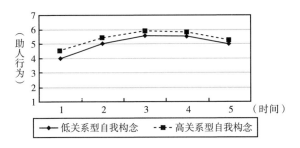

图 4 - 10　关系型自我构念对新员工助人行为变化趋势的调节作用

从图 4 - 11 可以看出，关系型自我构念并没有改变工作变更期员工助人行为的变化趋势，也就是说，无论关系型自我构念的得分是高还是低，工作变更期员工的助人行为都会随着时间的推移表现出先升后降的倒"U"型曲线关系。与关系型自我构念较高的工作变更期员工相比，关系型自我构念较低的工作变更期员工随着组织社会化进程的推进，其助人行为的变化幅度更大。

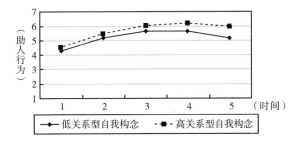

图 4 - 11　关系型自我构念对工作变更期员工助人行为变化趋势的调节作用

从图 4-12 可以看出，关系型自我构念并没有改变老员工助人行为的变化趋势，也就是说，无论关系型自我构念的得分是高还是低，老员工的助人行为都会随着时间的推移表现出逐渐降低的趋势，只是降低的幅度不同而已。与关系型自我构念较低的老员工相比，关系型自我构念较高的老员工随着时间的推移助人行为的变化幅度更小，故假设 H9a 得到验证。

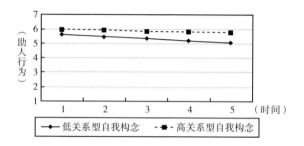

图 4-12　关系型自我构念对老员工助人行为变化趋势的调节作用

由表 4-29 可知，关系型自我构念对新员工（模型1）、工作变更期员工（模型3）和老员工（模型5）的建言行为均有显著的负向影响（γ_{10} = -0.283，在 p < 0.001；γ_{10} = -0.141，在 p < 0.05；γ_{10} = -0.489，在 p < 0.001）；关系型自我构念能够调节新员工建言行为的曲线关系（r = -0.026，p < 0.05）及老员工建言行为的线性关系（r = -0.058，p < 0.001），但对工作变更期员工建言行为的曲线关系没有调节作用（r = -0.021，p = n.s.），故假设 H9b 得到部分验证。

表 4-29　　　关系型自我构念对建言行为的多层线性分析

变量	模型1（N）	模型2（N）	模型3（C）	模型4（C）	模型5（I）	模型6（I）
截距项 γ_{00}	3.30***	3.19***	4.10***	3.84***	5.33***	5.39***
控制变量（Level2）						
性别	-0.115	-0.067	0.201	0.232	-0.111	-0.100
年龄	-0.021	-0.019	-0.018	-0.162	-0.026*	-0.029*
学历	0.016	0.051	-0.044	-0.156	-0.058	-0.064
D1	0.117	0.089	-0.129	-0.160	-0.116	-0.108

变量	模型 1（N）	模型 2（N）	模型 3（C）	模型 4（C）	模型 5（I）	模型 6（I）
D2	0.291	0.196	-0.004	-0.063	-0.037	-0.031
D3	0.105	0.004	-0.690*	-0.520	-0.205	-0.224
D4	-0.443	-0.534*	-0.223	-0.114	-0.253	-0.249
控制变量（Level1）						
任务绩效	-0.057	-0.044	-0.031	-0.004	-0.003	0.003
LMX	0.005	-0.014	0.025	0.021	0.035*	0.039**
自变量						
T	0.974***	0.975***	0.720***	0.701***	-0.032**	-0.034**
T^2	-0.140***	-0.140***	-0.094***	-0.093***		
RS	-0.283***	-0.257*	-0.141*	0.218	-0.489***	-0.315***
调节变量						
T×RS		0.076**		-0.194*		-0.058***
T^2×RS		-0.026*		0.021		
方差						
Level-1 残差 δ^2	0.315	0.201	0.324	0.168	0.294	0.245
截距方差 τ_{00}	0.835***	1.294***	0.700***	3.081***	0.651***	0.597***

注：*p<0.05，**p<0.01，***p<0.001；D1、D2、D3、D4 为工作岗位的哑变量，以市场/销售作为哑变量设置的基础，T 和 T^2 分别代表时间变量的一次项和二次项，LMX 代表领导成员交换关系，RS 代表关系型自我构念。

为更好地展示调节效应，根据科恩推荐的程序，分别以高于均值一个标准差和低于均值一个标准差作为基准来区分高/低关系型自我构念。图 4-13 和图 4-14 描绘出了关系型自我构念对新员工和老员工建言行为变化趋势的调节效应。

从图 4-13 可以看出，关系型自我构念并没有改变新员工建言行为的变化趋势，也就是说，无论关系型自我构念的得分是高还是低，新员工的建言行为都会随着时间的推移表现出先升后降的倒"U"型曲线关系。与关系型自我构念较低的新员工相比，关系型自我构念较高的新员工随着组织社会化进程的不断深入，其建言行为的变化幅度更大。

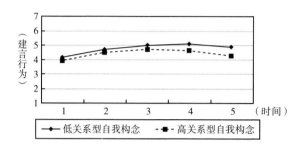

图 4 – 13　关系型自我构念对新员工建言行为变化趋势的调节作用

从图 4 – 14 可以看出，关系型自我构念并不能改变老员工建言行为的变化趋势，也就是说，无论关系型自我构念的得分是高还是低，老员工的建言行为都会随着时间的推移表现出逐渐降低的趋势，只是降低的幅度不同而已。与关系型自我构念较高的老员工相比，关系型自我构念较低的老员工随着时间的推移，建言行为的降低幅度更小。综上所述，假设 H9b 得到部分验证。

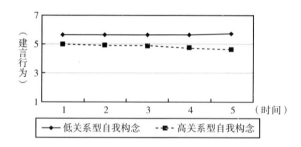

图 4 – 14　关系型自我构念对老员工建言行为变化趋势的调节作用

（四）变革型领导对组织公民行为变化趋势的调节效应

为检验变革型领导对组织公民行为变化趋势的调节效应，本书首先检验了变革型领导对组织公民行为变化趋势的影响，然后依据跨层次的方法检验变革型领导的调节作用，结果如表 4 – 30 和表 4 – 31 所示。由表 4 – 30 可知，变革型领导对新员工（模型 1）、工作变更期员工（模型 3）和老员工（模型 5）的助人行为均有显著的正向影响（$\gamma_{10} = 0.211$，$p < 0.001$；$\gamma_{10} = 0.217$，$p < 0.01$；$\gamma_{10} = 0.184$，$p < 0.001$）；变革型领导仅调

节了老员工助人行为的线性关系。

表 4 – 30　　　　　　　变革型领导对助人行为的多层线性分析

变量	模型 1（N）	模型 2（N）	模型 3（C）	模型 4（C）	模型 5（I）	模型 6（I）
截距项						
γ_{00}	2.90 ***	2.66 ***	3.50 ***	3.27 ***	6.05 ***	6.04
控制变量（Level2）						
性别	0.085	0.057	0.049	0.057	0.007	0.029
年龄	– 0.001	0.006	– 0.016	– 0.012	– 0.010	– 0.009
学历	– 0.124	– 0.114	0.028	0.041	0.004	0.000
D1	0.078	0.104	0.121	0.066	– 0.095	– 0.111
D2	– 0.057	– 0.038	– 0.172	– 0.174	– 0.046	– 0.073
D3	0.046	0.108	– 0.125	– 0.109	– 0.028	– 0.078
D4	– 0.340 *	– 0.211	– 0.202	– 0.172	– 0.181	– 0.173
控制变量（Level1）						
任务绩效	– 0.013	– 0.002	– 0.082 **	– 0.057 *	– 0.025	– 0.022
LMX	– 0.029	– 0.040 *	0.027	0.001	– 0.010	– 0.012
自变量						
T	1.783 ***	1.786 ***	1.500 ***	1.520 ***	– 0.094 ***	– 0.094 ***
T^2	– 0.262 ***	– 0.263 ***	– 0.204 ***	– 0.206 ***		
TF	0.211 ***	0.341 ***	0.217 **	– 0.289	0.184 ***	0.067
调节变量						
T × TF		– 0.077		0.036		0.039 ***
T^2 × TF		0.009		– 0.004		
方差						
Level – 1 残差 δ^2	0.277	0.199	0.319	0.218	0.253	0.235
截距方差 τ_{00}	0.437 ***	1.446 ***	0.440 ***	2.316 ***	0.524 ***	0.396 ***

注：* p＜0.05，** p＜0.01，*** p＜0.001；D1、D2、D3、D4 为工作岗位的哑变量，以市场/销售作为哑变量设置的基础，T 和 T^2 分别代表时间变量的一次项和二次项，LMX 代表领导成员交换关系，TF 代表变革型领导。

为更好地展示调节效应，根据科恩推荐的程序，分别以高于均值一个标准差和低于均值一个标准差作为基准来区分高/低变革型领导。图4-15描绘出了变革型领导对老员工助人行为变化趋势的调节效应。从图4-15可以看出，变革型领导并没有改变老员工助人行为的变化趋势，也就是说，无论变革型领导的得分是高还是低，老员工的助人行为都会随着时间的推移表现出逐渐降低的趋势，只是降低的幅度不同而已。与变革型领导较低的情境相比，在变革型领导较高的情境下，老员工的助人行为随时间降低的幅度更小。综上所述，假设H10a得到部分验证。

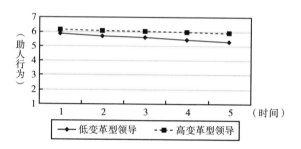

图4-15 变革型领导对老员工助人行为变化趋势的调节作用

由表4-31可知，变革型领导仅对新员工（模型1）的建言行为具有显著的正向影响（$\gamma_{10} = 0.306$，$p < 0.001$）；变革型领导能够调节工作变更期员工建言行为的曲线关系（$r = -0.070$，$p < 0.001$）及老员工建言行为的线性关系（$r = 0.023$，$p < 0.05$），但对新员工建言行为的曲线关系（$r = -0.006$，$p = n.s.$）没有调节作用，故假设H10b得到部分验证。

表4-31 变革型领导对建言行为的多层线性分析

变量	模型1（N）	模型2（N）	模型3（C）	模型4（C）	模型5（I）	模型6（I）
截距项						
γ_{00}	3.23***	3.16***	4.26***	4.13***	5.05***	5.19***
控制变量（Level2）						
性别	-0.110	-0.070	0.218	0.252	-0.091	-0.078
年龄	-0.013	-0.013	-0.022	-0.022	-0.019	-0.023
学历	-0.023	0.012	-0.055	-0.041	-0.050	-0.061

续表

变量	模型 1（N）	模型 2（N）	模型 3（C）	模型 4（C）	模型 5（I）	模型 6（I）
D1	0.058	0.056	-0.098	-0.108	-0.142	-0.126
D2	0.303	0.219	-0.069	-0.158	-0.034	-0.029
D3	0.118	0.035	-0.679 *	-0.529	-0.187	-0.220
D4	-0.450 *	-0.508 *	-0.217	-0.120	-0.401 *	-0.372
控制变量（Level1）						
任务绩效	-0.047	-0.040	-0.031	-0.010	-0.001	0.004
LMX	-0.002	-0.017	0.025	0.032	0.036	0.039 **
自变量						
T	0.973 ***	0.976 ***	0.721 ***	0.703 ***	-0.032 **	-0.034 **
T^2	-0.140 ***	-0.140 ***	-0.095 ***	-0.093 ***		
TF	0.306 ***	0.109	0.105	-0.590 **	0.083	0.011
调节变量						
T × TF		0.087		0.491 ***		0.023 *
T^2 × TF		-0.006		-0.070 ***		
方差						
Level -1 残差 δ^2	0.315	0.201	0.324	0.167	0.294	0.246
截距方差 τ_{00}	0.748 ***	1.323 ***	0.724 ***	2.955 ***	0.830 ***	0.678 ***

注：* $p < 0.05$，** $p < 0.01$，*** $p < 0.001$；D1、D2、D3、D4 为工作岗位的哑变量，以市场/销售作为哑变量设置的基础，T 和 T^2 分别代表时间变量的一次项和二次项，LMX 代表领导成员交换关系，TF 代表变革型领导。

为更好地展示调节效应，根据科恩推荐的程序，分别以高于均值一个标准差和低于均值一个标准差作为基准来区分高/低变革型领导。图 4－16 和图 4－17 描绘出了变革型领导对工作变更期员工和老员工建言行为变化趋势的调节效应。从图 4－16 可以看出，变革型领导并没有改变工作变更期员工建言行为的变化趋势，也就是说，无论变革型领导的得分是高还是低，工作变更期员工的建言行为都会随着时间的推移表现出先升后降的倒"U"型曲线关系。与变革型领导较低的情境相比，在变革型领导较高的情境下，工作变更期员工随着组织社会化进程的不断深入，其建言行为的变化幅度更大。

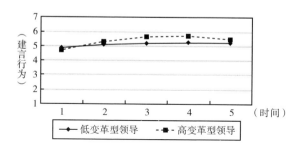

图 4 - 16　变革型领导对工作变更期员工建言行为变化趋势的调节作用

从图 4 - 17 可以看出，变革型领导并没有改变老员工建言行为的变化趋势，也就是说，无论变革型领导的得分是高还是低，老员工的建言行为都会随着时间的推移表现出逐渐降低的趋势，只是降低的幅度不同而已。与变革型领导较低的情境相比，在变革型领导较高情境下，随着时间的推移，老员工建言行为降低的幅度更小。综上所述，假设 H10b 得到部分验证。

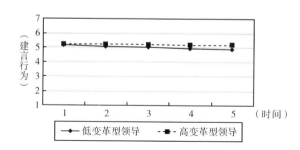

图 4 - 17　变革型领导对老员工建言行为变化趋势的调节作用

第四节　实证研究结论与管理启示

一、实证研究结论

本章依据组织社会化理论，以变量的时间动态性、变量与组织社会化进程的相关性及变量选取的覆盖性为标准，选取了主动性人格、任务互依性、关系型自我构念和变革型领导四个变量作为组织公民行为变化趋势的调节变量，构建了相应的调节效应模型并提出了相关的研究假设，通过在某大型合资企业为时一年的多时点采集的数据，对调节效应模型和研究假设进行了验证，结果如表4-32所示。

表4-32 假设检验结果汇总

编号	假设内容	检验结果
H7a	主动性人格能够调节员工助人行为的变化趋势，与高主动性人格的个体相比，在主动性人格较低的情境下，员工助人行为随时间的变化更强	支持
H7b	主动性人格能够调节员工建言行为的变化趋势，与高主动性人格的个体相比，在主动性人格较低的情境下，员工建言行为随时间的变化更强	部分支持
H8a	任务互依性能够调节员工助人行为的变化趋势，与高任务互依性的情境相比，在低任务互依性的情境下，员工助人行为随时间的变化更强	支持
H8b	任务互依性能够调节员工建言行为的变化趋势，与高任务互依性的情境相比，在低任务互依性的情境下，员工建言行为随时间的变化更强	部分支持
H9a	关系型自我构念能够调节员工助人行为的变化趋势，与关系自我构念较高的个体相比，在关系型自我构念较低的情境下，员工助人行为随时间的变化更强	支持
H9b	关系型自我构念能够调节员工建言行为的变化趋势，与关系自我构念较高的个体相比，在关系型自我构念较低的情境下，员工建言行为随时间的变化更弱	部分支持
H10a	变革型领导能够调节员工助人行为的变化趋势，与变革型领导较高的情境相比，在变革型领导较低的情境下，员工助人行为随时间的变化更强	部分支持
H10b	变革型领导能够调节员工建言行为的变化趋势，与变革型领导较高的情境相比，在变革型领导较低的情境下，员工建言行为随时间的变化更强	部分支持

（1）主动性人格不但能够显著正向影响员工的助人行为和建言行为，而且能够调节员工助人行为和建言行为的变化趋势。无论是正在经历组织社会化的新员工还是正在经历组织再社会化的工作变更期员工，主动性人格均能够帮助他们相对快速地完成组织社会化过程，提升员工组织融合的速率，帮助员工快速地实现组织同化的目标。而对于已经经历过组织社会化的老员工而言，主动性人格能够帮助他们减缓组织公民行为下降的速率，从而促进老员工持续地展现组织公民行为。

（2）任务互依性不但能够显著正向影响员工的助人行为，而且能够调节助人行为的变化趋势。这一检验结果表明，任务互依性的情境为员工助人行为的展现提供了相应的环境支持，故无论是正在经历组织社会化的新员工，或者是正在经历组织再社会化的工作变更期员工，还是已经经历过组织社会化的老员工，在任务互依性的情境下，均能够持续性地展现出助人行为。任务互依性对建言行为的影响却表现出了不同的作用效果。任务互依性对新员工的建言行为有显著的正向影响，对工作变更期员工的建言行为有显著的负向影响，而对老员工的建言行为没有影响。这一检验结果表明，在任务互依性的情境下，为更好地完成工作任务，员工在发现问题时会主动地建言，但因建言行为可能会破坏现有的人际和谐，导致其在某些情况下的建言意愿会降低。

（3）关系型自我构念不但能够显著正向影响员工的助人行为，而且能够调节助人行为的变化趋势。无论是正在经历组织社会化的新员工还是正在经历组织再社会化的工作变更期员工，关系型自我构念均能够帮助他们相对快速地构建和拓展社会网络，提升员工组织融合的速率，从而帮助员工快速地实现组织同化的目标。对于已经经历过组织社会化的老员工而言，关系型自我构念能够帮助他们减缓助人行为下降的速率，从而促进老员工持续地展现助人行为。与此同时，关系型自我构念不但能够显著地负向影响员工的建言行为，而且还能够调节建言行为随时间的变化趋势，可见，关系型自我构念虽然能够促进员工助人行为的展现但会抑制员工建言行为的产生。

（4）变革型领导不但能够显著地正向影响员工的助人行为和新员工的建言行为，而且还能够调节老员工助人行为的变化趋势及工作变更期员工和老员工建言行为的变化趋势。无论是正在经历组织社会化的新员工还是正在经历组织再社会化的工作变更期员工，他们均无法在环境不确定性较强的情境下，准确地感知领导的变革型特质，因此，变革型领导对员工的助人行为和建言行为没有调节作用。而对于已经经历过组织社会化的老员工而言，由于所处环境较为稳定，他们能够较为准确地感知到领导的变革型风格，因而能够表现出领导所期望的助人行为和建言行为。

二、管理启示

（1）企业在招聘或选拔员工时，应密切关注员工的个人特质。本章的研究表明，主动性人格和关系型自我构念均能够预测和调节组织公民行为的变化趋势；主动性人格能够促进员工持续性地展现助人行为和建言行为，关系型自我构念虽然可以促进员工助人行为的展现，但却抑制了建言行为的产生；与关系型自我构念相比，主动性人格在促进员工建言行为方面发挥着更大的作用。因此，在招聘或提拔员工时，企业应加强对员工特质的测评，并依据测评结果和企业自身的需求确定人选。若企业希望员工表现出更多的助人行为，则可挑选那些主动性人格较高或关系型自我构念较强的个体，若企业强调员工的创新或建言行为，则需选择那些主动性人格较高或关系型自我构念较低的个体。

（2）营造较强的任务互依性情境，促进员工展现更多的助人行为。本章的研究表明，任务互依性在促进员工助人行为方面发挥着重要的作用。因此，企业若希望员工表现出更多的助人行为，则可通过营造较强的任务互依性情境来实现，如倡导团队成员间的合作、增强团队任务的相互依赖等。具体地讲，可以从两方面入手：第一，提高团队的资源互依性，即使团队成员共享资源，团队中某一成员若想完成任务，必须获得其他成员的资源支持；第二，提高团队的执行互依性，即在执行团队任务的过程中，团队成员必须相互支持并协同作战。

（3）打造变革型领导情境，激发员工的建言行为。本章的研究表明，变革型领导在促进员工建言行为方面发挥着重要的作用。因此，企业若希望员工表现出更多的建言行为，则可以通过提升领导的创新能力、开拓领导的国际视野、培养领导的授权技能等措施，打造变革型领导情境。

第五章　组织公民行为变化趋势的交互调节效应

前一章的研究表明，主动性人格、任务互依性、关系型自我构念和变革型领导对组织公民行为的变化趋势具有调节作用，这无疑会对人们了解组织公民行为变化趋势的作用边界具有重要的作用。然而，通过企业管理实践不难发现，组织公民行为的产生往往是由多种因素共同作用的，仅关注某一特定因素的单独影响，无法准确地把握组织公民行为的变化趋势。为了更为深入地探究组织公民行为的变化趋势，本章拟依据个体—环境匹配理论及特质激活理论，探究主动性人格、任务互依性、关系型自我构念和变革型领导四个变量彼此之间的交互作用对组织公民行为变化趋势的调节效应，以期进一步丰富组织公民行为理论，并为企业管理实践提供借鉴。

特质激活理论表明，个体特质对个体行为的影响还取决于情境中的线索，如果情境中存在与该特质相关的线索，则个体特质能够较为有效地预测员工的行为表现；如果情境中不存在与该特质相关的线索，则个体的行为更多取决于情境因素（Tett & Burnett，2003）。同时，已有研究表明，情境因素对个体行为的影响也取决于个体自身的特质（Premeaux & Bedeian，2003）。有学者提出，在组织情境相同的条件下，不同特质的个体会有不同的行为表现；可见，只有在个体特质与环境因素相吻合的情境下，个体的某些特定的行为才可能产生。这一观点恰好与个体—环境匹配理论相吻合。

个体—环境匹配理论表明，个体的行为是由个体特征与环境因素共同决定的（Edwards et al.，1998），因此，有必要探讨个体与环境的交互效应对组织公民行为变化趋势的影响。主动性人格和关系型自我构念作为重要的人格特质，任务互依性和变革型领导作为员工所处的重要组织情境，通过构造个体与环境两两之间的交互效应能够更为准确地预测组织公民行为的变化趋势。

基于此，本书构造了主动性人格—任务互依性、主动性人格—变革型领导、关系型自我构念—任务互依性、关系型自我构念—变革型领导四种个体与环境的组合形式，来预测组织公民行为的变化趋势。

第一节　研究假设

一、主动性人格与任务互依性对组织公民行为变化趋势的交互调节效应

任务互依性是员工完成工作任务时相互协作程度的反映。在任务互依性较强的情境下，员工间相互依赖的程度较高，员工自身工作任务的完成需要从其他成员处获取相应的信息、资源和支持（Bishop et al.，2000）。这种情境无疑会增强企业对员工自发主动性行为的需求（Ghitulescu，2013），如助人行为和建言行为。其中，助人行为有助于帮助员工进行团队关系的构建，促进成员彼此间的合作和互动；建言行为有助于员工获取有用的信息，促进团队成员更好地完成任务。任务互依性对员工主动性行为的需求与主动性人格特质极为吻合。因此，本书认为，任务互依性与主动性人格能够共同影响组织公民行为的变化。

在任务互依性较强的情境下，主动性人格较高的个体能够满足任务互依性对员工主动性行为的需求。此时，主动性人格较高的个体会展现出更多的助人行为和建言行为，以构建和维持与他人的亲密关系，获取工作中的相关信息，确保任务更好地完成。与此同时，任务互依性较强的情境为员工助人行为和建言行为等组织公民行为的展现提供了相应的环境支持，反过来，较高的主动性人格又为组织公民行为的展现提供了较强的内在动机。在内因和外因的共同作用下，员工能够通过持续的、高水平的助人行为和建言行为的展现，来满足自身与环境的需求，这就意味着，员工助人

行为和建言行为随时间的变化幅度最小。

在任务互依性较弱的情境下，员工间相互依赖的程度较低，他们凭借自身的能力就能够很好地完成工作任务，可见，任务互依性较低的情境对员工的主动性行为没有太大的需求，而主动性人格较低的员工喜欢被动地对环境做出反应，任务互依性较低的情境为主动性人格较低的个体传递出了通过自身的努力来完成任务的信号，并没有鼓励员工与他人的合作互动，因此，主动性人格较低的员工会表现出较少的助人行为和建言行为。与此同时，由于任务互依性较弱的情境没有为员工助人行为和建言行为的展现提供相应的环境支持，主动性人格较低的个体也没有施展助人行为和建言行为的内在动机。因此，在外在引力不大且内在动力不足的情况下，员工仅仅会在企业提供展现组织公民行为的相关线索时，才会展现出助人行为和建言行为。此时，员工的助人行为和建言行为大多由环境因素所决定，由于环境因素具有较大的不确定性，因此，员工的助人行为和建言行为的波动幅度较大。由此可见，低任务互依性和低主动性人格的情境，员工助人行为和建言行为随时间的变化幅度最大。

低任务互依性高主动性人格的情境及高任务互依性低主动性人格的情境，会对员工的组织公民行为产生什么影响呢？这涉及是情境因素占主导还是个体因素占主导的问题，理论界也存在不同的声音。一种观点认为，情境因素占主导地位，因为情境因素能够决定员工特质的表达并激发员工相应的行为表现（Tett et al.，2003）；另一种观点则认为，虽然情境对员工有着极为重要的影响，但员工的态度和行为最终还是取决于自身的意愿与感知（Matta et al.，2014）。本书更倾向于后者，这是因为助人行为和建言行为是员工自发、主动的行为，员工自身的意愿起着决定性的作用。因此，与高任务互依性低主动性人格的情境相比，在低任务互依性高主动性人格的情境下，员工的助人行为和建言行为随时间的变化幅度更小。

综上所述，本书提出如下假设：

H11a：任务互依性和主动性人格对员工助人行为和建言行为的变化趋势具有交互调节作用，当任务互依性较强且主动性人格较高时，员工助人行为和建言行为随时间的变化幅度最小；当任务互依性较弱且主动性人格较低时，员工助人行为和建言行为随时间的变化幅度最大。

H11b：与强任务互依性且低主动性人格的情境相比，在弱任务互依性且高主动性人格的情境下，员工助人行为和建言行为随时间的变化幅度更小。

二、主动性人格与变革型领导对组织公民行为变化趋势的交互调节效应

领导作为员工在组织中的重要情境因素和关系变量（Allinson, Armstrong & Hayes, 2001），能够对员工的行为产生重要的影响。变革型领导能够通过理想化影响力、鼓舞性激励、智力激发和个性化关怀等方式激发员工的内在动机和组织归属感（Seltzer et al., 1990），促进员工主动性行为的产生。可见，领导的变革型情境为主动性人格的员工提供了一个表达自身特质的环境，也就是说，在变革型领导情境下，具有主动性人格特质的员工更倾向于展现组织公民行为。因此，本书认为变革型领导与主动性人格能够共同影响组织公民行为的变化趋势。

变革型领导的较强情境能够为主动性人格较高的员工提供展现主动性行为的机会和相应的支持（Buil et al., 2019）。高变革型领导通过自身的示范作用及对员工的关心和帮助来增强员工主动性的互惠行为，如助人行为（吴敏、刘主军和吴继红，2009；Guay & Choi, 2015），可见，变革型领导较强的情境能够促进主动性人格较高的员工助人行为的展现。变革型领导也能通过鼓励员工挑战现状，采用新颖的方式解决问题等为员工的建言行为提供施展的环境（Detert & Burris, 2007），减少员工对建言行为的风险性感知，从而增强员工主动性的建言行为。与此同时，变革型领导较强的情境为组织公民行为的展现提供了相应的环境支持，反过来，较高的主动性人格又为组织公民行为的展现提供了相应的内在动机。在内因和外因的共同作用下，员工能够通过持续的、高水平的助人行为和建言行为的展现，来满足自身与环境的需求，这就意味着，员工助人行为和建言行为随时间的变化幅度最小。

在变革型领导较弱的情境下，领导无法为员工创造一个适于展现主动

性行为的环境。而主动性人格较低的个体也仅会被动地适应环境而不会主动地改变环境，因此，变革型领导较弱的情境没有为主动性人格较低的个体传递出适于展现主动性行为的信号，故主动性人格较低的个体并不会主动地展现出助人行为和建言行为以增强与他人的互动，获取相应的信息。可见，在变革型领导较弱且主动性人格较低的情境下，员工会表现出最少的助人行为和建言行为。与此同时，由于变革型领导较弱的情境没有为员工助人行为和建言行为的展现提供相应的环境支持，主动性人格较低的员工也没有施展助人行为和建言行为的内在动机，在外在引力不大且内在动力不足的情况下，员工仅仅会在企业提供展现组织公民行为的相关线索时，才会展现出助人行为和建言行为。此时，员工的助人行为和建言行为大多由环境因素所决定，由于环境因素具有较大的不确定性，因此，员工的助人行为和建言行为的波动幅度较大。由此可见，在变革型领导较弱且主动性人格较低的情境下，员工助人行为和建言行为随时间的变化幅度最大。

那么，低变革型领导高主动性人格的情境及高变革型领导低主动性人格的情境，会对员工的组织公民行为产生什么影响呢？这涉及在领导与员工的交互过程中谁占主导地位的问题，理论界存在不同的声音。一种观点认为领导占主导地位，这是因为领导通常掌握着重要的资源，并会定期评价员工的行为和绩效表现，因此，员工对领导有较强的依赖性，同时领导能够在很大程度上影响员工的行为表现，故领导占主导地位（Wilson，Sin & Conlon，2010）；另一种观点则认为，虽然领导对员工有着极为重要的影响，但员工的态度和行为最终还是取决于自身的意愿和感知（Matta et al.，2014）。本书更倾向于后者，这是因为助人行为和建言行为是员工自发、主动的行为，员工的自身意愿起着决定性的作用。因此，与高变革型领导低主动性人格的情境相比，在低变革型领导高主动性人格的情境下，员工助人行为和建言行为随时间的变化幅度更小。

综上所述，本书提出如下假设：

H12a：变革型领导和主动性人格对员工助人行为和建言行为的变化趋势具有交互调节作用，当变革型领导较强且主动性人格较高时，员工助人行为和建言行为随时间的变化幅度最小；当变革型领导较弱且主动性人格较低时，员工助人行为和建言行为随时间的变化幅度最大。

H12b：与强变革型领导且低主动性人格的情境相比，在弱变革型领导且高主动性人格的情境下，员工助人行为和建言行为随时间的变化幅度更小。

三、关系型自我构念与任务互依性对组织公民行为变化趋势的交互调节效应

由前面可知，关系型自我构念对员工的助人行为和建言行为有着不同的影响效力，因此，本节将分别论述关系型自我构念与任务互依性对员工助人行为和建言行为变化趋势的交互调节效应。

关系型自我构念是个体对关系的重视程度（Cross et al., 2000）。关系型自我构念较高的个体注重与他人建立良好的关系，并希望实现与他人的和谐共处。因此，关系的建构和与他人的和谐共处是关系型自我构念个体关注的核心问题。由于不同类型的组织公民行为对个体的关系建构有着不同的影响效果。因此，关系型自我构念的个体会有选择性地实施组织公民行为。助人行为关注与他人的合作与互动（Koopman, 2016），这一行为的展现有利于员工构建并维持关系，故关系型自我构念的个体会展现出较多的助人行为以维持和建立新的关系。任务互依性为关系型自我构念的个体助人行为的展现提供了相应的环境支持，因为任务互依性强调员工间的合作和互动。因此，本书认为任务互依性与关系型自我构念能够共同影响员工助人行为的变化趋势。

在任务互依性较强的情境下，关系型自我构念较高的个体能够通过展现助人行为来构建和维持关系，以满足任务互依性对员工合作和互动的需求。因此，高任务互依性和高关系型自我构念的情境能够更好地促进员工助人行为的展现。与此同时，任务互依性较强的情境为员工助人行为的展现提供了相应的环境支持，反过来，较高的关系型自我构念为员工助人行为的展现提供了较强的内在动机。在外因和内因的共同作用下，员工能够通过持续性的、高水平的助人行为的展现，来满足自身与环境的需求，这就意味着，员工助人行为随时间的变化幅度最小。

在任务互依性较弱的情境下，员工间相互依赖的程度较低，他们凭借自身的能力就能够很好地完成工作任务，可见，任务互依性较低的情境对员工的关系建构没有提出太多的需求，同时关系型自我构念较低的员工也不注重与他人的互惠和合作，在此情境下，员工会表现出最少的助人行为。与此同时，任务互依性较弱的情境并没有为员工助人行为的展现提供相应的环境支持，关系型自我构念较低的员工也没有施展助人行为的内在动机。因此，在外在引力不大且内在动力不足的情况下，员工仅仅会在自身特定需求产生时才会展现出助人行为。此时，员工的助人行为大多由不确定性的需求所决定，因此，员工助人行为的波动幅度较大。由此可见，低任务互依性和低关系型自我构念的情境，员工助人行为随时间的变化幅度最大。

同主动性人格的分析类似，对于在关系型自我构念和任务互依性中谁占主导的问题，本书认为固然情境因素（任务互依性）对员工有着极为重要的影响，但员工的态度和行为最终还是取决于自身的意愿和感知，因此，在关系型自我构念和任务互依性的关系中，关系型自我构念占主导地位，这是因为助人行为是员工自发、主动的行为，员工的自身意愿起着决定性的作用。故与高任务互依性低关系型自我构念的情境相比，在低任务互依性高关系型自我构念的情境下，员工助人行为随时间的变化幅度更小。

综上所述，本书提出如下假设：

H13a：任务互依性和主动性人格对员工助人行为的变化趋势具有交互调节作用，当任务互依性较强且关系型自我构念较高时，员工助人行为随时间的变化幅度最小；当任务互依性较弱且关系型自我构念较低时，员工助人行为随时间的变化幅度最大。

H13b：与强任务互依性且低关系型自我构念的情境相比，在弱任务互依性且高关系型自我构念的情境下，员工助人行为随时间的变化幅度更小。

与助人行为不同，建言行为关注对现状的改变，这一改变可能会破坏现有的人际关系，引发人际冲突，从而不利于员工关系的构建和发展，因此，关系型自我构念的个体会表现出较少的建言行为。任务互依性强调员工间的互动、合作及信息的交互，能够为员工建言行为的展现提供相应的环境支持，从而能够在一定程度上影响关系型自我构念的员工建言行为的选择。因此，本书认为任务互依性与关系型自我构念能够共同影响员工建言行为的变化趋势。

在任务互依性较强的情境下，关系型自我构念较低的个体能够通过展现建言行为来获取信息，做出变革，从而保证自身和他人更好、更高效地完成工作任务而不必过度担心可能会产生的人际冲突。这一方面是因为任务互依性较强的情境为员工建言行为的展现提供了相应的环境支持；另一方面是因为关系型自我构念较低的个体对关系冲突相对不敏感，不惧怕建言行为可能带来的消极结果。因此，在强任务互依性和低关系型自我构念的情境下，员工会表现出最多的建言行为。与此同时，在外因和内因的共同作用下，员工能够通过持续性的、高水平的建言行为的展现，来满足自身与环境的需求，因此，在强任务互依性和低关系型自我构念的情境下，员工建言行为随时间的变化幅度最小。

在任务互依性较弱的情境下，员工的建言行为无法获得来自环境的支持。同时，关系型自我构念较高的个体对建言行为可能带来的关系冲突更为敏感，因此，在任务互依性较弱且关系型自我构念较高的情境下，员工会表现出较少的建言行为。此外，在外在引力不大且内在动力不足的情况下，员工仅仅会在特定的情形下展现建言行为（如确认该情境建言风险较小），由于情境因素具有较大的不确定性，因此，员工的建言行为波动幅度较大。由此可见，在任务互依性较弱且关系型自我构念较高的情境下，员工建言行为随时间的变化幅度最大。

同主动性人格的分析类似，对于在关系型自我构念和任务互依性中谁占主导的问题，本书认为固然情境因素（任务互依性）对员工有着极为重要的影响，但员工的态度和行为最终还是取决于自身的意愿和感知，因此，在关系型自我构念和任务互依性的关系中，关系型自我构念占主导地位，这是因为建言行为是员工自发、主动的行为，员工的自身意愿起着决定性的作用。故与高任务互依性高关系型自我构念的情境相比，在低任务互依性低关系型自我构念的情境下，员工建言行为随时间的变化幅度更小。

综上所述，本书提出如下假设：

H14a：任务互依性和关系型自我构念对员工建言行为的变化趋势具有交互调节作用，当任务互依性较强且关系型自我构念较低时，员工建言行为随时间的变化幅度最小；当任务互依性较弱且关系型自我构念较高时，员工建言行为随时间的变化幅度最大。

H14b：与强任务互依性且高关系型自我构念的情境相比，在弱任务互依性且低关系型自我构念的情境下，员工建言行为随时间的变化幅度更小。

四、关系型自我构念与变革型领导对组织公民行为变化趋势的交互调节效应

由前可知，关系型自我构念对员工的助人行为和建言行为有着不同的影响效力，因此，本节将分别论述关系型自我构念与变革型领导对员工助人行为和建言行为变化趋势的交互调节效应。

关系型自我构念是个体对关系的重视程度（Vegt et al.，2001）。关系型自我构念较强的个体注重与他人建立良好的关系，并希望实现与他人的和谐共处。因此，关系的建构和与他人的和谐共处是关系型自我构念个体关注的核心问题。由于不同类型的组织公民行为对个体的关系建构有着不同的影响效果。因此，关系型自我构念的个体会有选择性的实施组织公民行为。助人行为关注与他人的合作与互动，这一行为的展现有利于员工构建并维持关系，故关系型自我构念的个体会展现出较多的助人行为以维持和建立新的关系。高变革型领导的情境能够为员工营造一种互惠的环境，增强员工的亲社会动机，从而为关系型自我构念的个体助人行为的展现提供了环境支持，因此，本书认为变革型领导与关系型自我构念能够共同影响员工的助人行为。

变革型领导较强的情境能够为关系型自我构念较高的个体提供展现助人行为的机会和相应的支持。在此情境下，关系型自我构念较高的个体能够通过展现助人行为以满足自身和环境的需求。因此，高变革型领导和高关系型自我构念的情境能够更好地促进员工助人行为的展现。与此同时，

变革型领导较强的情境为员工助人行为的展现提供了相应的环境支持,反过来,较高的关系型自我构念又为员工助人行为的展现提供了相应的内在动机,在内因和外因的共同作用下,员工能够通过持续性的、高水平的助人行为的展现,来满足自身与环境的需求,这就意味着,员工助人行为随时间的变化幅度最小。

在变革型领导较弱的情境下,领导无法为员工创造一个适于展现助人行为的环境。而关系型自我构念较低的员工也不注重与他人的互惠和合作,因此,在弱变革型领导和低关系型自我构念的情境下,员工会表现出最少的助人行为。与此同时,由于变革型领导较弱的情境没有为员工助人行为的展现提供相应的环境支持,关系型自我构念较低的员工也没有施展助人行为的内在动机,在外在引力不大且内在动力不足的情况下,员工仅仅会在自身特定需求产生时才会展现出助人行为。此时,员工的助人行为大多由不确定性的需求所决定,因此,员工助人行为的波动幅度较大。由此可见,低变革型领导和低关系型自我构念的情境,员工助人行为随时间的变化幅度最大。

同主动性人格的分析类似,对于在关系型自我构念和变革型领导的关系中谁占主导的问题,本书认为固然领导因素(变革型领导)对员工有着极为重要的影响,但员工的态度和行为最终还是取决于自身的意愿和感知,因此,在关系型自我构念和变革型领导的关系中,关系型自我构念占主导地位,这是因为助人行为是员工自发、主动的行为,员工的自身意愿起着决定性的作用。故与高变革型领导低关系型自我构念的情境相比,在低变革型领导高关系型自我构念的情境下,员工助人行为随时间的变化幅度更小。

综上所述,本书提出如下假设:

H15a:变革型领导和关系型自我构念对员工助人行为的变化趋势具有交互调节作用,当变革型领导较强且关系型自我构念较高时,员工助人行为随时间的变化幅度最小;当变革型领导较弱且关系型自我构念较低时,员工助人行为随时间的变化幅度最大。

H15b:与强变革型领导且低关系型自我构念的情境相比,在弱变革型领导且高关系型自我构念的情境下,员工助人行为随时间的变化幅度更小。

与助人行为不同，建言行为关注对现状的改变，这一改变可能会损坏现有的人际关系，引发人际冲突，从而不利于员工关系的构建和发展，因此，关系型自我构念的个体会表现出较少的建言行为。变革型领导能够通过鼓励员工挑战现状，采用新颖的方式解决问题等为员工的建言行为提供支持，从而影响关系型自我构念的员工建言行为的选择，因此，本书认为变革型领导与关系型自我构念能够共同影响员工的建言行为。

变革型领导较强的情境能够通过鼓励和支持员工挑战现状，为员工提供适于展现建言行为的环境，降低建言行为带来的风险。这一情境能够有效激发关系型自我构念较低个体的建言行为，这是因为他们对建言行为可能带来的关系冲突相对不敏感，从而在变革型领导较强的情境下，会表现出更多的建言行为。与此同时，由于变革型领导较强的情境为员工建言行为的展现提供了相应的环境支持，反过来，较低的关系型自我构念为员工建言行为的展现带来了较少的阻力，在内因和外因的共同作用下，员工能够通过持续性、高水平的建言行为的展现，以满足自身与环境的需求，这就意味着，在高变革型领导和低关系型自我构念的情境下，员工建言行为随时间的变化幅度最小。

在变革型领导较弱的情境下，领导无法为员工的建言行为提供相应的环境支持。而关系型自我构念较高的个体也会对建言行为可能带来的关系冲突更为敏感，在此情境下，员工会展现出最少的建言行为。与此同时，由于内因和外因对员工建言行为的阻抑作用，员工仅仅会在特定的情形下展现建言行为（如确认该情境建言风险较小），由于情境因素具有较大的不确定性，因此，员工的建言行为波动幅度较大。由此可见，在变革型领导较弱且关系型自我构念较高的情境下，员工建言行为随时间的变化幅度最大。

同主动性人格的分析类似，对于在关系型自我构念和变革型领导的关系中谁占主导的问题，本书认为固然领导因素（变革型领导）对员工有着极为重要的影响，但员工的态度和行为最终还是取决于自身的意愿和感知，因此，在关系型自我构念和变革型领导的关系中，关系型自我构念占主导地位，这是因为建言行为是员工自发、主动的行为，员工的自身意愿起着决定性的作用。故与高变革型领导高关系型自我构念的情境相比，在低变革型领导低关系型自我构念的情境下，员工建言行为随时间的变化幅度更小。

综上所述，本书提出如下假设：

H16a：变革型领导和关系型自我构念对员工建言行为的变化趋势具有交互调节作用，当变革型领导较强且关系型自我构念较低时，员工建言行为随时间的变化幅度最小；当变革型领导较弱且关系型自我构念较高时，员工建言行为随时间的变革幅度最大。

H16b：与强变革型领导且高关系型自我构念的情境相比，在弱变革型领导且低关系型自我构念的情境下，员工建言行为随时间的变化幅度更小。

第二节 数据采集与假设检验

本章的数据采集流程、研究变量的相关分析和信度检验与第三章和第四章相同，在此不再赘述。

一、主动性人格与任务互依性的交互效应对组织公民行为变化趋势的影响效果研究

本节重点关注主动性人格和任务互依性对组织公民行为变化趋势的交互调节作用。本书依据跨层次的方法来检验调节效应，结果如表 5 - 1 所示。

由表 5 - 1 可知，主动性人格与任务互依性的交互项对新员工与工作变更期员工组织公民行为的曲线关系（r = - 0.002，p = n. s.；r = - 0.009，p = n. s.；r = - 0.012，p = n. s.；r = 0.005，p = n. s.）及老员工组织公民行为的线性关系（r = 0.001，p = n. s.；r = 0.001，p = n. s.）均没有调节作用，故假设 H11a 和 H11b 均未得到验证。

表 5 – 1　　主动型人格和任务互依性对组织公民行为的多层线性分析

变量	模型 1（A）	模型 2（A）	模型 3（A）	模型 4（C）	模型 5（C）	模型 6（C）
截距项						
γ_{00}	2.57 ***	3.32 ***	5.77 ***	3.039 ***	4.10 ***	4.69 ***
控制变量（Level2）						
性别	0.063	0.089	0.011	− 0.066	− 0.011	− 0.091
年龄	− 0.001	− 0.004	− 0.001	− 0.023	− 0.020 *	− 0.011
学历	− 0.043	− 0.006	− 0.020	0.109	− 0.060	− 0.044
D1	0.141	− 0.045	− 0.041	0.108	0.129	− 0.093
D2	− 0.016	− 0.336 *	− 0.081	0.274	0.106	− 0.078
D3	0.100	− 0.149	− 0.092	0.046	− 0.297	− 0.196
D4	− 0.142	− 0.341	− 0.076	− 0.371	0.112	− 0.294 *
控制变量（Level1）						
任务绩效	− 0.011	− 0.070 **	− 0.021	− 0.047	− 0.012	0.006
LMX	− 0.034	0.003	− 0.012	− 0.012	0.021	0.039 **
自变量						
T	1.783 ***	1.516 ***	− 0.095 ***	0.970 ***	0.698 ***	− 0.035 ***
T^2	− 0.262 ***	− 0.205 ***		− 0.139 ***	− 0.092 ***	
PA	0.431 ***	0.168	0.247 ***	0.239 ***	0.272	0.293 ***
TI	0.463 ***	0.172	0.121 ***	0.155	0.168	0.018
PA × TI	0.038	− 0.076	0.048	0.042	− 0.204	0.061
调节变量						
T × PA	− 0.162 ***	− 0.186 *	0.041 ***	− 0.041	0.039	0.103 ***
T × TI	− 0.155 **	− 0.158 *	0.025 **	0.035	− 0.205 **	0.021 *
T × PA × TI	0.034	0.031	0.001	0.118 *	− 0.020	0.001
T^2 × PA	0.021 ***	0.023		0.011	− 0.009	
T^2 × TI	0.023 **	0.019 *		0.001	0.026 *	
T^2 × PA × TI	− 0.002	− 0.009		− 0.012	0.005	

续表

变量	模型1（A）	模型2（A）	模型3（A）	模型4（C）	模型5（C）	模型6（C）
方差						
Level – 1 残差 δ^2	0.200	0.218	0.236	0.201	0.167	0.245
截距方差 τ_{00}	1.173 ***	2.373 ***	0.328 ***	1.260 ***	3.056 ***	0.605 ***

注：* $p < 0.05$，** $p < 0.01$，*** $p < 0.001$；D1、D2、D3、D4 为工作岗位的哑变量，以市场/销售作为哑变量设置的基础，T 和 T^2 分别代表时间变量的一次项和二次项，LMX 代表领导成员交换关系，PA 代表主动性人格，TI 代表任务互依性。

二、主动性人格与变革型领导的交互效应对组织公民行为变化趋势的影响效果研究

本节重点关注主动性人格和变革型领导对组织公民行为变化趋势的交互调节作用。本书依据跨层次的方法来检验调节作用，调节效应的检验结果如表 5 – 2 所示。由表 5 – 2 可知，主动性人格与变革型领导的交互项能够调节新员工助人行为的曲线关系（r = – 0.012，$p < 0.05$）及老员工助人行为和建言行为的线性关系（r = 0.017，$p < 0.05$.；r = 0.023，$p < 0.01$），但对新员工建言行为（r = – 0.004，p = n.s.）及工作变更期员工的助人行为和建言行为的曲线关系没有调节作用（r = – 0.008，p = n.s.；r = 0.020，p = n.s.），故假设 H12a 和 H12b 得到部分验证。

表 5 – 2　主动型人格和变革型领导对组织公民行为的多层线性分析

变量	模型1（A）	模型2（A）	模型3（A）	模型4（C）	模型5（C）	模型6（C）
截距项 γ_{00}	2.39 ***	3.21 ***	5.93 ***	2.85 ***	4.13 ***	4.80 ***
控制变量 （Level2）						
性别	0.064	0.117	0.023	– 0.083	0.187	– 0.086
年龄	0.014	– 0.008	– 0.007	– 0.004	– 0.024 *	– 0.015
学历	– 0.065	0.042	0.013	0.058	– 0.060	– 0.030

续表

变量	模型 1（A）	模型 2（A）	模型 3（A）	模型 4（C）	模型 5（C）	模型 6（C）
D1	0.010	−0.041	−0.094	−0.026	0.037	−0.122
D2	−0.064	−0.296	−0.088	0.238	0.043	−0.083
D3	−0.007	−0.175	−0.053	−0.050	−0.406	−0.182
D4	−0.167	−0.324	−0.138	−0.400	0.105	−0.331 *
控制变量（Level1）						
任务绩效	−0.005	−0.056 *	−0.023	−0.042	−0.009	0.003
LMX	−0.035	0.001	−0.013	−0.017	0.033	0.038 **
自变量						
T	1.795 ***	1.519 ***	−0.095 ***	0.984 ***	0.699 ***	−0.036 ***
T^2	−0.264 ***	−0.206 ***		−0.141 ***	−0.093 ***	
PA	0.469 ***	0.153	0.237 ***	0.252 ***	0.281	0.293 ***
TF	0.385 ***	−0.260	0.061	0.131	−0.591 **	0.003
PA × TF	−0.025	−0.147	−0.024	0.020	0.092	−0.064
调节变量						
T × PA	−0.167 ***	−0.184 *	0.038 ***	−0.037	0.032	0.100 ***
T × TF	−0.099 *	0.021	0.036 ***	0.080	0.499 ***	0.019 *
T × PA × TF	0.093 **	0.046	0.017 *	0.058	−0.128	0.023 **
T^2 × PA	0.022 ***	0.022		0.011	−0.009	
T^2 × TF	0.012 *	−0.002		−0.005	−0.072 ***	
T^2 × PA × TF	−0.012 *	−0.008		−0.004	0.020	
方差						
Level − 1 残差 δ^2	0.199	0.219	0.235	0.201	0.167	0.246
截距方差 τ_{00}	1.145 ***	2.366 ***	0.347 ***	1.270 ***	2.921 ***	0.602 ***

注：$*p < 0.05$，$**p < 0.01$，$***p < 0.001$；D1、D2、D3、D4 为工作岗位的哑变量，以市场/销售作为哑变量设置的基础，T 和 T^2 分别代表时间变量的一次项和二次项，LMX 代表领导成员交换关系，PA 代表主动性人格，TF 代表变革型领导。

为了更好地展示调节效应，根据科恩推荐的程序，分别以高于均值一个标准差和低于均值一个标准差作为基准来区分高/低主动性人格和高/低变革型领导。图 5 – 1 ~ 图 5 – 3 描绘出了主动性人格与变革型领导对新员工建言行为和老员工助人行为及建言行为的交互调节效应。

从图 5 – 1 可以看出，主动性人格与变革型领导的交互作用并没有改变新员工助人行为的变化趋势，也就是说，无论交互项的得分是高还是低，新员工的助人行为都随着时间表现出先升后降的倒 "U" 型曲线关系。当员工主动性人格较高且处于变革型领导较强的情境时，会表现出最多的助人行为，且助人行为随时间的变化幅度最小；而当员工主动性人格较低且处于变革型领导较弱的情境下，则会表现出最少的助人行为，且助人行为随时间的变化幅度最大。对于主动性人格和变革型领导不匹配的情境，由图 5 – 1 可以看出，与员工主动性人格较低且变革型领导较强的情境相比，在主动性人格较高且变革型领导较弱的情境下，员工助人行为随时间的变化幅度更小。

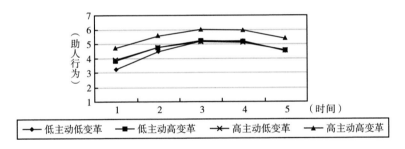

图 5 – 1　主动性人格与变革型领导对新员工助人行为变化趋势的交互调节作用

从图 5 – 2 可以看出，主动性人格与变革型领导的交互作用并不能改变老员工助人行为的变化趋势，也就是说无论交互项的得分是高还是低，老员工的助人行为都随着时间的推移表现出逐渐降低的趋势，只是降低的幅度不同而已。当员工主动性人格较高且处于变革型领导较强的情境时，会表现出最多的助人行为且助人行为随时间的变化幅度最小；当员工主动性人格较低且处于变革型领导较弱的情境下，则会表现出最少的助人行为且助人行为随时间的变化幅度最强。对于主动性人格和变革型领导不匹配的情境，由图 5 – 2 可以看出，与员工主动性人格较低而变革型领导较强的情境相比，在主动性人格较高且变革型领导较弱的情境下，员工助人行为变化幅度更小。

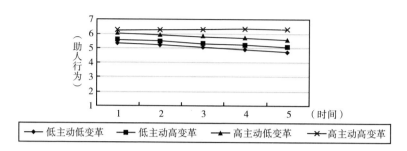

图 5 - 2　主动性人格与变革型领导对老员工助人行为
变化趋势的交互调节作用

从图 5 - 3 可以看出，主动性人格与变革型领导的交互作用改变了老员工建言行为的变化趋势。当员工主动性人格较高且处于变革型领导较强的情境时，会表现出最多的建言行为，且建言行为随着时间的推移表现出逐渐增强的趋势；而当员工主动性人格较低且处于变革型领导较弱的情境下，则会表现出最少的建言行为，且建言行为随着时间的推移表现出逐渐降低的趋势。对于主动性人格和变革型领导不匹配的情境，由图 5 - 3 可以看出，主动性人格较高且变革型领导较弱的情境，员工会展现出较多的建言行为且随着时间的推移建言行为表现出逐渐增强的趋势。当员工主动性较低且处于变革型领导较强的情境下时，员工会表现出相对较少的建言行为且建言行为随着时间的推移表现出逐渐降低的趋势。

综上所述，假设 H12a 和 H12b 得到部分验证。

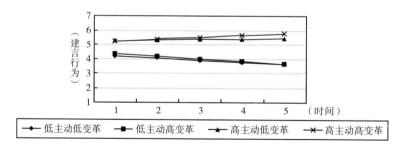

图 5 - 3　主动性人格与变革型领导的交互效应对老员工建言行为
变化趋势的调节作用

三、关系型自我构念与任务互依性的交互效应对组织公民行为变化趋势的影响效果研究

本节重点关注关系型自我构念和任务互依性对组织公民行为变化趋势的交互调节作用。本书依据跨层次的方法来检验该调节效应，调节效应的检验结果如表5-3所示。

由表5-3可知，关系型自我构念与任务互依性的交互项对新员工与工作变更期员工助人行为和建言行为的曲线关系（r = -0.009，p = n. s. ；r = 0.015，p = n. s. ；r = -0.006，p = n. s. ；r = 0.008，p = n. s）及老员工助人行为和建言行为的线性关系（r = -0.003，p = n. s. ；r = 0.008，p = n. s. ）均没有调节作用，故假设 H13a、H13b、H14a 和 H14b 均未得到验证。

表5-3　关系型自我构念和任务互依性对组织公民行为的多层线性分析

变量	模型1（A）	模型2（A）	模型3（A）	模型4（C）	模型5（C）	模型6（C）
截距项						
γ_{00}	2.86***	2.95***	5.80***	3.20***	3.90***	5.32***
控制变量（Level2）						
性别	0.052	0.099	0.015	-0.075	0.144	-0.100
年龄	-0.007	-0.002	-0.000	-0.021	-0.010	-0.027*
学历	-0.084	-0.015	-0.033	0.050	-0.060	-0.065
D1	0.168	0.125	-0.081	0.125	-0.235	-0.087
D2	-0.055	-0.035	-0.066	0.203	-0.120	-0.021
D3	0.144	0.063	-0.105	0.060	-0.675*	-0.224
D4	-0.187	-0.158	-0.195	-0.471*	-0.149	-0.235
控制变量（Level1）						
任务绩效	-0.014	-0.064**	-0.020	-0.042	-0.008	0.004
LMX	-0.033	0.001	-0.011	-0.016	0.020	0.038**

变量	模型 1（A）	模型 2（A）	模型 3（A）	模型 4（C）	模型 5（C）	模型 6（C）
自变量						
T	1.788 ***	1.545 ***	-0.094 ***	0.974 ***	0.714 ***	-0.035 ***
T^2	-0.263 ***	-0.209 ***		-0.140 ***	-0.094 ***	
TI	0.472 ***	0.082	0.116 ***	0.171	0.128	0.024
RS	0.532 ***	0.183	0.120 *	-0.260 *	0.201	-0.318 ***
TI × RS	-0.443 **	0.438 ***	0.010	-0.052	0.043	-0.053
调节变量						
T × TI	-0.162 **	-0.127 *	0.022 **	0.032	-0.185 *	0.018 *
T × RS	-0.161 *	-0.157 *	0.052 ***	0.277 ***	-0.182 *	-0.058 ***
T × TI × RS	0.095	-0.128 *	-0.003	0.001	-0.070	0.008
T^2 × TI	0.024 **	0.014		0.001	0.024 *	
T^2 × RS	0.019	0.019		-0.027 *	0.019	
T^2 × TI × RS	-0.009	0.015		-0.006	0.008	
方差						
Level - 1 残差 δ^2	0.199	0.221	0.235	0.201	0.168	0.245
截距方差 τ_{00}	1.28 ***	2.025 ***	0.377 ***	1.297 ***	3.126 ***	0.599 ***

注：* $p < 0.05$，** $p < 0.01$，*** $p < 0.001$；D1、D2、D3、D4 为工作岗位的哑变量，以市场/销售作为哑变量设置的基础，T 和 T^2 分别代表时间变量的一次项和二次项，LMX 代表领导成员交换关系，RS 代表关系型自我构念，TI 代表任务互依性。

四、关系型自我构念与变革型领导的交互效应对组织公民行为变化趋势的影响效果研究

本节重点关注关系型自我构念和变革型领导对组织公民行为变化趋势的交互调节作用。本书依据跨层次的方法来检验该调节效应，调节效应的检验结果如表 5 - 4 所示。由表 5 - 4 可知，关系型自我构念与变革型领导能够调节新员工和工作变更期员工建言行为的曲线关系（r = -0.022，p < 0.05；r = 0.027，p < 0.05）及老员工建言行为的线性关系（r = -0.021，p < 0.05），但对新员工、工作变更期员工和老员工助人行为的变化趋势

（r = -0.004，p = n. s.；r = -0.008，p = n. s.；r = -0.007，p = n. s.）却没有调节作用，故假设 H15a 和 H15b 没有得到验证；假设 H16a 和 H16b 得到了初步验证。

表 5 - 4 关系型自我构念和变革型领导对组织公民行为的多层线性分析

变量	模型 1（A）	模型 2（A）	模型 3（A）	模型 4（C）	模型 5（C）	模型 6（C）
截距项						
γ_{00}	2.70 ***	3.03 ***	5.89 ***	3.25 ***	3.82 ***	5.39 ***
控制变量（Level2）						
性别	0.052	0.026	0.029	-0.057	0.288 *	-0.096
年龄	0.004	-0.004	-0.005	-0.015	-0.015	-0.029 *
学历	-0.122	0.033	0.003	0.007	-0.037	-0.061
D1	0.128	-0.052	-0.120	0.054	-0.183	-0.106
D2	-0.017	-0.073	-0.070	0.159	-0.126	-0.020
D3	0.110	-0.087	-0.049	0.017	-0.509	-0.220
D4	-0.169	-0.075	-0.245	-0.510 *	-0.104	-0.267
控制变量（Level1）						
任务绩效	-0.007	-0.056 *	-0.021	-0.036	-0.002	0.003
LMX	-0.030	0.001	-0.011	-0.016	0.031	0.038 **
自变量						
T	1.781 ***	1.519 ***	-0.094 ***	0.960 ***	0.702 ***	-0.036 ***
T^2	-0.262 ***	-0.206 ***		-0.139 ***	-0.093 ***	
RS	0.469 ***	0.102	0.131 **	-0.217	0.241	-0.317 ***
TF	0.331 ***	-0.288	0.079 *	0.089	-0.609 **	-0.013
RS × TF	0.176	0.036	0.053	-0.474 ***	0.259	-0.000
调节变量						
T × RS	-0.160 *	-0.137 *	0.059 ***	0.102 **	-0.210 *	-0.055 ***
T × TF	-0.069	0.021	0.043 ***	0.085	0.508 ***	0.018 *
T × RS × TF	0.028	0.075	-0.007	0.174 **	-0.182 *	-0.021 *
T^2 × RST^2 × RS	0.019	0.017		-0.023	0.023	

续表

变量	模型 1（A）	模型 2（A）	模型 3（A）	模型 4（C）	模型 5（C）	模型 6（C）
$T^2 \times TF$	0.008	−0.002		−0.006	−0.073 ***	
$T^2 \times RS \times TF$	−0.004	−0.008		−0.022 *	0.027 *	
方差						
Level−1 残差 δ^2	0.200	0.220	0.235	0.201	0.167	0.246
截距方差 τ_{00}	1.334 ***	2.373 ***	0.386 ***	1.146 ***	2.863 ***	0.599 ***

注：* $p<0.05$，** $p<0.01$，*** $p<0.001$；D1、D2、D3、D4 为工作岗位的哑变量，以市场/销售作为哑变量设置的基础，T 和 T^2 分别代表时间变量的一次项和二次项，LMX 代表领导成员交换关系，RS 代表关系型自我构念，TF 代表变革型领导。

  为了更好地展示调节效应，根据科恩推荐的程序，分别以高于均值一个标准差和低于均值一个标准差作为基准来区分高/低关系型自我构念和高/低变革型领导。图 5-4~图 5-6 描绘了关系型自我构念与变革型领导对新员工、工作变更期员工和老员工建言行为变化趋势的交互调节作用。从图 5-4 可以看出，关系型自我构念与变革型领导的交互作用并没有改变新员工建言行为随时间的变化趋势，也就是说，无论交互项的得分是高还是低，新员工建言行为都随着时间表现出先升后降的倒"U"型曲线关系。当员工关系型自我构念较低且处于变革型领导较强的情境时，会表现出最多的建言行为且建言行为随时间的变化幅度最小；当员工关系型自我构念较高且处于变革型领导较弱的情境下，则会表现出最少的建言行为且建言行为随时间的变化幅度最大。对于关系型自我构念和变革型领导匹配的情境，由图 5-4 可以看出，与员工关系型自我构念较高且变革型领导

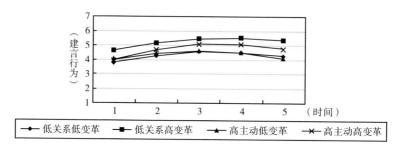

图 5-4 关系型自我构念与变革型领导对新员工建言行为变化趋势的交互调节作用

较强的情境相比，在关系型自我构念较低且变革型领导较弱的情境下，员工建言行为随时间的变化幅度更小。

从图5-5可以看出，关系型自我构念与变革型领导的交互作用并未改变工作变更期员工建言行为随时间的变化趋势，也就是说，无论交互项的得分是高还是低，工作变更期员工建言行为都随着时间表现出先升后降的倒"U"型曲线关系。当员工关系型自我构念较低且处于变革型领导较强的情境时，会表现出最多的建言行为且建言行为随时间的变化幅度最大；当员工关系型自我构念较高且处于变革型领导较弱的情境下，则会表现出最少的建言行为且建言行为随时间的变化幅度最小。对于关系型自我构念和变革型领导匹配的情境，由图5-5可以看出，与员工关系型自我构念较高且变革型领导较强的情境相比，在关系型自我构念较低且变革型领导较弱的情境下，员工建言行为随时间的变化幅度更小。

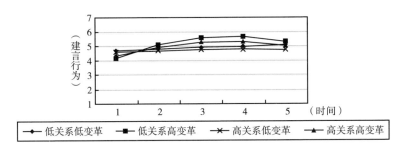

**图5-5　关系型自我构念与变革型领导对工作变更期员工建言
行为变化趋势的交互调节作用**

从图5-6可以看出，关系型自我构念与变革型领导的交互作用改变了老员工建言行为随时间的变化趋势。当员工关系型自我构念较低且处于变革型领导较强的情境时，会表现出最多的建言行为且建言行为随着时间的推移表现出逐渐增强的趋势；当员工关系型自我构念较高且处于变革型领导较弱的情境下，则会表现出最少的建言行为且建言行为随着时间的推移表现出逐渐减弱的趋势。对于关系型自我构念和变革型领导匹配的情境，由图5-6可以看出，与员工关系型自我构念较高且变革型领导较强的情境相比，关系型自我构念较低且变革型领导较弱的情境下，员工建言行为随时间的变化幅度更小。

综上所述，假设 II16a、II16b 得到了验证。

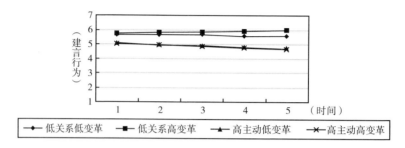

图 5 - 6 　关系型自我构念与变革型领导对老员工建言行为变化趋势的交互调节作用

第三节　实证研究结论与管理启示

一、实证研究结论

本章依据特质激活理论和个体与环境匹配理论，构建了主动性人格—任务互依性、主动性人格—变革型领导、关系型自我构念—任务互依性及关系型自我构念—变革型领导对组织公民行为变化趋势的交互调节效应模型，并提出了相关研究假设。通过在某大型合资企业为时一年的多时点采集的数据，对交互调节效应模型和研究假设进行了验证，结果如表 5 - 5 所示。

表 5 - 5　　　　　　　　　　　假设检验结果汇总

编号	假设内容	检验结果
H11a	任务互依性和主动性人格对员工助人行为和建言行为的变化趋势具有交互调节作用，当任务互依性较强且主动性人格较高时，员工助人行为和建言行为随时间的变化幅度最小；当任务互依性较弱且主动性人格较低时，员工助人行为和建言行为随时间的变化幅度最大	不支持
H11b	与强任务互依性且低主动性人格的情境相比，在弱任务互依性且高主动性人格的情境下，员工助人行为和建言行为随时间的变化幅度更小	不支持
H12a	变革型领导和主动性人格对员工助人行为和建言行为的变化趋势具有交互调节作用，当变革型领导较强且主动性人格较高时，员工助人行为和建言行为随时间的变化幅度最小；当变革型领导较弱且主动性人格较低时，员工助人行为和建言行为随时间的变化幅度最大	部分支持

续表

编号	假设内容	检验结果
H12b	与强变革型领导且低主动性人格的情境相比，在弱变革型领导且高主动性人格的情境下，员工助人行为和建言行为随时间的变化幅度更小	部分支持
H13a	任务互依性和主动性人格对员工助人行为的变化趋势具有交互调节作用，当任务互依性较强且关系型自我构念较高时，员工助人行为随时间的变化幅度最小；当任务互依性较弱且关系型自我构念较低时，员工助人行为随时间的变化幅度最大	不支持
H13b	与强任务互依性且低关系型自我构念的情境相比，在弱任务互依性且高关系型自我构念的情境下，员工助人行为随时间的变化幅度更小	不支持
H14a	任务互依性和关系型自我构念对员工建言行为的变化趋势具有交互调节作用，当任务互异性较强且关系型自我构念较低时，员工建言行为随时间的变化幅度最小；当任务互依性较弱且变革型领导较高时，员工建言行为随时间的变化幅度最大	不支持
H14b	与强任务互依性且高关系型自我构念的情境相比，在弱任务互依性且低关系型自我构念的情境下，员工建言行为随时间的变化幅度更小	不支持
H15a	变革型领导和关系型自我构念对员工助人行为的变化趋势具有交互调节作用，当变革型领导较强且关系型自我构念较高时，员工助人行为随时间的变化幅度最小；当变革型领导较弱且关系型自我构念较低时，员工助人行为随时间的变化幅度最大	不支持
H15b	与强变革型领导且低关系型自我构念的情境相比，在弱变革型领导且高关系型自我构念的情境下，员工助人行为随时间的变化幅度更小	不支持
H16a	变革型领导和关系型自我构念对员工建言行为的变化趋势具有交互调节作用，当变革型领导较强且关系型自我构念较低时，员工建言行为随时间的变化幅度最小；当变革型领导较弱且关系型自我构念较高时，员工建言行为随时间的变革幅度最大	支持
H16b	与强变革型领导且高关系型自我构念的情境相比，在弱变革型领导且低关系型自我构念的情境下，员工建言行为随时间的变化幅度更小	支持

本书的实证研究结论如下：

（1）主动性人格与任务互依性对员工助人行为和建言行为的变化趋势均没有交互调节作用。表明无论员工主动性人格是高还是低，在任务互依性强度不同的情境下员工都会表现出相应的助人行为或建言行为，可见任务互依性无法有效地影响员工主动性人格的表达。

（2）主动性人格与变革型领导对老员工助人行为和建言行为的变化趋

势有显著的交互调节作用，但对新员工和工作变更期员工助人行为和建言行为的变化趋势没有交互调节作用。这在一定程度上表明，主动性人格较高的员工在经历组织社会化和再社会化的阶段，均会运用较强的主动性策略以尽快完成组织社会化过程，此时变革型领导无法有效地影响组织公民行为的选择，因此，无论变革型领导情境的强弱，主动性人格较高的员工均会展现出较强的组织公民行为。

（3）关系型自我构念与任务互依性对员工助人行为和建言行为的变化趋势均没有交互调节作用。表明无论员工关系型自我构念是高还是低，在任务互依性强度不同的情境下，员工都会表现出相应的组织公民行为，因此，任务互依性无法有效地影响关系型自我构念员工的组织公民行为的表达。

（4）关系型自我构念与变革型领导对员工建言行为的变化趋势具有显著的交互调节作用，但对员工助人行为的变化趋势没有交互调节作用。表明由于风险性较小的助人行为能够帮助员工构建和维持关系，因此，无论变革型领导情境的强弱，关系型自我构念较高的员工均会展现出较强的助人行为。而对于风险性较强的建言行为，由于其可能会破坏现有的人际关系，引发人际冲突，因此，关系型自我构念较高的员工仅会在风险性较小的情境下展现出建言行为。变革型领导为员工建言行为的展现提供了支持的环境，减弱了员工对建言行为的风险性感知，从而能够显著地影响关系型自我构念员工的建言行为的选择。

二、管理启示

1. 企业应根据自身需求重点培养或选择那些具有相应特质的员工

本章的研究结果表明，与情境因素相比，个体自身的特质对组织公民行为的影响更为显著，这是因为不论是助人行为还是建言行为均是个体自我决定的行为，因此，个体自身的特质起着决定性的作用。企业要想从根本上提升员工的组织公民行为水平，需在招聘或提拔时对员工的特质进行测评，选择那些具有相应人格特质的个体。除招聘或提拔阶段对员工特质的筛选，企业还可以通过有目的性地培养员工的某些特质来增强员工的组织公民行为水平。例如，若企业希望员工表现出更多的合作互助行为，可以选择或培养员工的高主动性人格或高关系型自我构念；而若企业希望员工表现出更多的创新或变革行为，则需选择或培养员工的高主动性人格或低关系型自我构念。

2. 相较于任务特征，企业应重点关注或培养员工主管领导的变革型特质

本章的研究结果表明，虽然情境因素无法像个体特质因素一样决定组织公民行为的表达，但是能够在一定程度上促进组织公民行为的展现。相较于任务互依性，变革型领导的情境力量更强，能够有效地激发主动性人格的个体表现出持续性的、高水平的助人行为及建言行为。同时也能够有效地激发关系型自我构念的个体表现出持续性的、高水平的建言行为。因此，企业应通过培养员工主管领导的变革型风格来促进主动性人格和关系型自我构念个体助人行为与建言行为的表达。

第六章　结论与展望

第一节　研究结论

本书以新员工、工作变更期员工和老员工为研究对象，从组织社会化的视角出发，探究组织公民行为的变化趋势及其边界条件。在此基础上，本书回答了以下四个问题：（1）处于组织社会化不同阶段的组织公民行为的变化趋势是怎样的及彼此之间是否存在显著性差异？（2）不同类型的组织公民行为的变化趋势是否会显著不同？（3）采用不同方式测量的组织公民行为变化趋势是否存在显著性差异？（4）影响组织公民行为变化趋势的因素有哪些且这些因素彼此之间的交互效应对组织公民行为变化趋势的影响结果如何？通过对上述四个问题的探索，本书得出了如下结论。

（1）新员工和工作变更期员工的组织公民行为随着组织社会化进程的不断深入，呈现出先升后降的倒"U"型曲线模式。而老员工的组织公民行为则相对稳定，呈现线性的变化模式。上述结论可以用不确定性降低理论和前景理论来解释。不确定性降低理论认为，无论是正在经历组织社会化的新员工还是正在经历组织再社会化的工作变更期员工，在进入新环境时均会体验到较强的环境不确定性，此时员工无法立刻了解如何及怎样施展助人和建言等组织公民行为，故员工的助人行为或建言行为处在一个较低的水平。随着组织社会化进程的推进，员工对自身的角色需求开始明晰，能够主动地寻求信息、探索环境并和同事有更为深入的交互以减少对环境的不确定性感知。在此过程中，员工逐步意识到在企业中应该以何种方式施展助人行为或建言行为，因此，为了与他人构建良好的关系，向他人展示自身良好的形象，让他人认同自身的能力，并获取自身所需的信息和资源，他们会主动地施展助人行为和建言行为，故随着组织社会化进程的推进员工助人行为和建言行为均会有较大幅度的提升。随着组织社会化进程的进一步加深，组织中的一些不利因素会引发员工的关注，前景理论表明，个体对于损失的敏感程度要远大于等量的获得，即个体倾向于损失规避。在工作中负面信息的获得会给员工带来利失感，且这种利失感要大于等量正面信息给员工带来的利得感，因此，负面信息的获得会减弱员工的组织承诺，减少员工的组织公民行为。因此，随着组织社会化进程的进一步加深，员工的组织公民行为水平会有所下降并最终趋于稳定；与新员工和工作变更期员工相比，老员工的工作职责相对稳定，工作性质变动较小。他们在组织中对自身的角色认知较为清晰，同时已经建立了较为完善的社会网络，并对组织规章制度的了解较为全面，故其行为模式相对稳定。

（2）虽然与新员工相比，工作变更期员工已经在组织中积累了一定的资源，构建了相应的社会网络并相对熟悉组织的规章制度，但从组织公民行为曲线的变化率来看，与新员工并没有显著性的差异，说明工作变更期员工虽然体验到较少的不确定性，但为了快速地完成组织社会化进程，与新员工一样，也会表现出较强的组织公民行为；员工对于不同类型的组织公民行为具有不同的偏好性。助人行为注重合作、互动、人际交互且不会让人产生争议，而建言行为则关注对现状的改变，这一改变可能会破坏现有的人际关系，引发人际冲突，从而与助人行为相比，建言行为具有更大的风险性。因此，与建言行为相比，无论是正在经历组织社会化的新员工、正在经历组织再社会化的工作变更期员工，还是已经经历过社会化的老员工均会倾向于展现更多的助人行为，且助人行为的变化幅度较大，可见，风险性特征是组织公民行为展现的重要考虑因素；不论是经历组织社会化的新员工或是经历组织再社会化的工作变更期员工，还是已经经历组织社会化的老员工，组织公民行为在自评和他评方式下的变化率均无显著性的差异，这就意味着，自评和他评方式均能够较为准确地反映组织公民行为的变化模式。然而，与自评方式相比，主管领导评价的新员工和工作变更期员工的组织公民行为水平较高，这从一定程度上印证了在组织社会化阶段，员工会在领导面前表现出更多的组织公民行为以进行印象管理的目的，因此，在组织社会化阶段，主管领导评价的方式可能会在一定程度上高估员工真实的组织公民行为水平。与新员工和工作变更期员工相比，老员工与领导相处的时间较长，彼此之间相对了解，因此，领导评价方式与老员工自我评价方式的组织公民行为的水平没有显著性差异。

（3）主动性人格、任务互依性、关系型自我构念和变革型领导均能够显著地正向影响员工的助人行为且能够调节员工助人行为随时间的变化性。在高主动性人格或高任务互依性或高关系型自我构念或高变革型领导的情境下，员工均会表现出持续性的、高水平的助人行为。与风险性较低的助人行为相比，各变量对风险性较高的建言行为有着不同的影响效果。主动性人格能够显著地正向影响员工的建言行为且能够调节员工建言行为随时间的变化；关系型自我构念能够显著地负向影响员工的建言行为且能够调节员工建言行为随时间的变化；而任务互依性对建言行为的影响却表现出了不同的作用效果。这主要是因为在任务互依性的情境下，为更好地完成工作任务，员工在发现问题时会主动建言；但因建言行为可能会破坏现有的人际和谐，导致其在某些情况下的建言意愿会降低。任务互依性的这一双重特性为解释其对建言行为差异性的作用效果提供了依据；变革型领导仅能够显著正向影响新员工的建言行为，并调节老员工建言行为随时间的变化。可见，与个体特质因素（主动性人格和关系型自我构念）相比，任务互依性和变革型领导对员工建言行为变化趋势的调节效果仅部分存在且主要存在于老员工群体，这表明，正在经历组织社会化阶段的新员工和正在经历组织再社会化的工作变更期员工对风险性特征更为敏感，因此，不论环境是否为员工建言行为的展现提供了相应的支持，员工均会表现出较少的建言行为。

（4）主动性人格与任务互依性及关系型自我构念与任务互依性对组织公民行为变化趋势的交互调节作用均没有得到验证。而主动性人格与变革型领导及关系型自我构念与变革型领导能够在一定程度上对组织公民行为的变化趋势有交互调节作用。可见，与任务互依性相比，变革型领导的情境力量更强，能够有效地激发主动性人格的个体表现出持续性的、高水平的助人行为及建言行为。同时也能够有效地激发关系型自我构念的个体表现出持续性的、高水平的建言行为，但变革型领导这一情境却无法调节关系型自我构念的个体助人行为的变化趋势。本书推论造成这一现象的原因主要是，关系型自我构念的个体注重关系的构建和人际和谐，而助人行为的展现恰好能够满足关系型自我构念个体的需求，因此，无论变革型领导情境的强弱，关系型自我构念的个体均会表现出较多的助人行为。这也在一定程度上说明了，对于自发主动性的助人行为而言，个体的自身意愿起着决定性的作用。相较于变革型领导，任务互依性的情境力量较弱，无法有效地激发主动性人格的个体及关系型自我构念的个体组织公民行为的展现。故无论任务互依性情境的高低，主动性人格及关系型自我构念的个体均会表现出较多的助人行为及较少的建言行为。

第二节　局限及展望

本书采用已有的成熟量表，从组织社会化的视角出发，分析了组织公民行为的变化趋势及其作用边界，研究结论对组织公民行为的理论扩展和实践指导均具有重要的意义，但考虑到人力、物力等方面的限制，本书还存在一定的局限性，这也为后续研究提供了方向。

（1）本书主要采用不确定性降低理论作为组织公民行为变化趋势的理论基础，但在实际测量中，并没有对员工所感知到的不确定性进行量化测量。本书的研究结果已表明员工的组织公民行为具有动态性，今后的研究可在此基础上对员工感知的不确定性进行量化测量，以探究不确定性对组织公民行为的影响，从而论证本书潜在的假设。

（2）本书所调研的工作变更期员工既包括平级调整的员工又包括被纵向提拔的员工，这两种不同类型的员工群体的组织公民行为可能存在不同的变化趋势，而本书对此并没有加以区分，因此，接下来的研究可以对这两类群体进行区分以更为细致地研究组织公民行为的变化。

（3）由于本书重点关注组织公民行为的动态变化趋势及其边界条件，故并未对可能解释这一变化趋势的影响因素进行深入探讨。事实上，组织公民行为的展现在很大程度上与其动机密切相关，因此，未来的研究可在本研究的基础上，探讨员工动机的变化对组织公民行为的影响，为更好地激发员工的组织公民行为，理解组织公民行为动态变化性提供了方向。

附件1 初始调查问卷

尊敬的女士/先生：您好！

为了了解组织公民行为的状况，以便给组织建设和员工发展提供一些有价值的建议，我们进行了本次调查。本问卷采用匿名的方式进行填写，我们保证所取得的调查数据仅供学术研究之用，没有任何商业或其他用途，请您放心作答。您的参与将使我们的研究更加完善，对您的合作表示深深的感谢！

基本情况（Part A）

①您的性别：□男　　　　　□女

②您的年龄（精确到月）：＿＿＿＿＿＿＿＿＿

③您的学历：□高中、中专或技校　　　□大专　　　□大学本科

　　　　　　□硕士研究生　　　□博士研究生

④您的工作岗位：□市场/销售　□研发/设计　□行政/管理/财务

　　　　　　　　□技术/实施　□售后/服务

主体问卷（Part B）

1. 助人行为调查问卷

请根据您对自己的感知和评价，选择最符合实际情况的描述，并在相应的位置打"√"。

序号	题项	完全不符合	不符合	基本不符合	不确定	较为符合	符合	完全符合
1	我会主动帮助那些工作任务没有完成的同事							
2	我乐意与同事们分享我的专业知识							
3	当其他同事间出现矛盾时，我会出面调解							
4	我会提前采取措施以避免与其他同事产生矛盾							
5	我愿意花费额外时间去帮助在工作中遇到困难的同事							
6	在实施可能会影响到其他同事的行动之前，我会先与他们打招呼							
7	我会鼓励情绪低落的同事							

2. 建言行为调查问卷

请根据您对自己的感知和评价，选择最符合实际情况的描述，并在相应的位置打"√"。

序号	题项	完全不符合	不符合	基本不符合	不确定	较为符合	符合	完全符合
1	我能够发现工作中存在的问题并对此提出建议							
2	我不仅能够自己对组织中存在的问题提出建议，而且会鼓励同事也参与其中							
3	即使有不同甚至反对的意见，我也要把我的想法与同事交流							
4	当我的想法能够对组织有帮助时，我会将我的想法告知于组织							
5	对于那些可能影响到大家工作质量的问题，我会积极地建言							
6	我会就工作中的新方案提出自己的建议							

3. 任务绩效调查问卷

请根据您对自己的感知和评价，选择最符合实际情况的描述，并在相应的位置打"√"。

序号	题项	完全不符合	不符合	基本不符合	不确定	较为符合	符合	完全符合
1	我能够称职地完成所交给的工作职责							
2	我能够履行工作说明书中明确提及的责任							
3	我能够完成所期望的工作任务							
4	我能够达到工作绩效的要求							
5	我能够完成工作中的义务性内容							

4. 领导成员交换关系调查问卷

请根据您对自己的感知和评价，选择最符合实际情况的描述，并在相应的位置打"√"。

序号	题项	完全不符合	不符合	基本不符合	不确定	较为符合	符合	完全符合
1	我很清楚我的主管是否满意我的工作表现							
2	我的主管了解我在工作上的问题和需要							
3	我的主管非常了解我的潜力							
4	我的主管会运用自身的职权来帮我解决工作中所遇到的问题							
5	当我需要时，我的主管会极力帮助我，即使牺牲他自己的利益							
6	我十分信任我的主管，即使他不在场，我仍会替其所做出的决策做解释和辩护							
7	我认为我和我主管之间的关系很好							

调节变量（Part C）

1. 主动性人格调查问卷

请根据您对自己的感知和评价，选择最符合实际情况的描述，并在相应的位置打"√"。

序号	题项	完全不符合	不符合	基本不符合	不确定	较为符合	符合	完全符合
1	遇到问题时,我会直面它							
2	不论成功的概率有多大,如果我相信某件事,我就会去做							
3	我喜欢坚持我自己的观点,即使有人反对							
4	我一直在寻找更好的做事方式							
5	如果我坚信一个观点,没有什么能阻止我实现它							
6	我擅长发现并识别机会							

2. 任务互依性调查问卷

请根据您对自身任务特征的感知和评价,选择最符合实际情况的描述并在相应的位置打"√"。

序号	题项	完全不符合	不符合	基本不符合	不确定	较为符合	符合	完全符合
1	在工作中,我必须频繁地与他人合作							
2	我与团队中其他人的工作绩效是相互关联的							
3	为了实现较高的团队绩效,我必须要与其他成员有良好的沟通							
4	为了完成本职工作,我必须依赖于其他同事							

3. 关系型自我构念调查问卷

请根据您对自己的感知和评价,选择最符合实际情况的描述,并在相应的位置打"√"。

序号	题项	完全不符合	不符合	基本不符合	不确定	较为符合	符合	完全符合
1	我和他人的亲密关系是我自身的重要体现							
2	当我与某人关系亲密时,我觉得这个人就好像是我的重要组成部分							

序号	题项	完全不符合	不符合	基本不符合	不确定	较为符合	符合	完全符合
3	当与我亲密的人取得了重要的成就时，我通常会有一种强烈的自豪感							
4	我认为通过对我亲密朋友的了解，就能了解我的重要品质							
5	当我想起我自己时，我也常常会想起我的家人或亲密的朋友							
6	如果有人伤害了我亲密的朋友，我也会感觉受到了伤害							
7	亲密关系也是自我形象的重要组成部分							
8	我对亲密关系的重视程度与我对自身的思考无任何联系							
9	亲密关系对我是一个怎么样的人并不重要							
10	我的自豪感来源于知道我是谁的亲密朋友							
11	当我与他人建立了亲密关系的时候，我通常会对该个体产生强烈的认同感							

4. 变革型领导调查问卷

请根据您对您直属上级的感知和评价，选择最符合实际情况的描述，并在相应的位置打"√"。

序号	题项	完全不符合	不符合	基本不符合	不确定	较为符合	符合	完全符合
1	我的上司经常与我谈论他认为最为重要的价值观和信仰							
2	我的上司为我与他交好，感到骄傲							
3	我的上司强调使命感的重要性							
4	我的上司能够牺牲自己的利益来为组织谋利							
5	我的上司能够以我尊重的方式行事							
6	我的上司会考虑决策结果所带来的道德和伦理问题							
7	我的上司能够展现出较强的自信和权威							
8	我的上司会强调集体主义感的重要性							
9	我的上司会以乐观的方式谈论未来							

续表

序号	题项	完全不符合	不符合	基本不符合	不确定	较为符合	符合	完全符合
10	我的上司能够充满热情地谈论接下来需要完成的事情							
11	我的上司经常向我们描绘令人向往的未来							
12	我的上司通常向我们传达对于达成目标的自信							
13	我的上司会花时间指导我们的工作							
14	我的上司会个性化地给予我关怀							
15	我的上司会重视我独特的需求、能力和愿景							
16	我的上司能帮助我增强我的优势							
17	我的上司能够从新的角度审视问题							
18	我的上司能够从不同的视角解决问题							
19	我的上司能够使我从不同的方面思考问题							
20	我的上司能够提出完成任务的新方法							

本问卷到此结束,恳请您再检查一遍有无漏答的题目,再次感谢您的热心支持与帮助!

附件 2   前测问卷

尊敬的女士/先生：您好！

为了了解组织公民行为的状况，以便给组织建设和员工发展提供一些有价值的建议，我们进行了本次调查。本问卷采用匿名的方式进行填写，我们保证所取得的调查数据仅供学术研究之用，没有任何商业或其他用途，请您放心作答。您的参与将使我们的研究更加完善，对您的合作表示深深的感谢！

基本情况

①您的性别：□男　　　□女

②您的年龄（精确到月）：＿＿＿＿＿＿＿＿＿＿

③您的学历：□高中、中专或技校　　　□大专　　　□大学本科

　　　　　　□硕士研究生　　　□博士研究生

④您的工作岗位：□市场/销售　□研发/设计　□行政/管理/财务

　　　　　　□技术/实施　　□售后/服务

⑤您在该企业的工作年限（精确到月）：＿＿＿＿＿＿＿＿＿＿

⑥您在该工作岗位上的工作年限（精确到月）：＿＿＿＿＿＿＿＿＿＿

主体问卷

1. 主动性人格调查问卷

请根据您对自己的感知和评价，选择最符合实际情况的描述，并在相应的位置打"√"。

序号	题项	完全不符合	不符合	基本不符合	不确定	较为符合	符合	完全符合
1	遇到问题时，我会直面它							
2	不论成功的概率有多大，如果我相信某件事，我就会去做							
3	我喜欢坚持我自己的观点，即使有人反对							
4	我一直在寻找更好的做事方式							
5	如果我坚信一个观点，没有什么能阻止我实现它							
6	我擅长发现并识别机会							

2. 任务互依性调查问卷

请根据您对自身任务特征的感知和评价，选择最符合实际情况的描述并在相应的位置打"√"。

序号	题项	完全不符合	不符合	基本不符合	不确定	较为符合	符合	完全符合
1	在工作中，我必须频繁地与他人合作							
2	我与团队中其他人的工作绩效是相互关联的							
3	为了实现较高的团队绩效，我必须要与其他成员有良好的沟通							
4	为了完成本职工作，我必须依赖于其他同事							

3. 关系型自我构念调查问卷

请根据您对自己的感知和评价，选择最符合实际情况的描述，并在相应的位置打"√"。

序号	题项	完全不符合	不符合	基本不符合	不确定	较为符合	符合	完全符合
1	我和他人的亲密关系是我自身的重要体现							
2	当我与某人关系亲密时，我觉得这个人就好像是我的重要组成部分							

续表

序号	题项	完全不符合	不符合	基本不符合	不确定	较为符合	符合	完全符合
3	当与我亲密的人取得了重要的成就时，我通常会有一种强烈的自豪感							
4	我认为通过对我亲密朋友的了解，就能了解我的重要品质							
5	当我想起我自己时，我也常常会想起我的家人或亲密的朋友							
6	如果有人伤害了我亲密的朋友，我也会感觉受到了伤害							
7	亲密关系也是自我形象的重要组成部分							
8	我对于亲密关系的重视程度与我对自身的思考没有任何联系							
9	亲密关系对我是一个怎么样的人并不重要							
10	我的自豪感来源于知道我是谁的亲密朋友							
11	当我与他人建立了亲密关系的时候，我通常会对该个体产生强烈的认同感							

4. 变革型领导调查问卷

请根据您对您直属上级的感知和评价，选择最符合实际情况的描述，并在相应的位置打"√"。

序号	题项	完全不符合	不符合	基本不符合	不确定	较为符合	符合	完全符合
1	我的上司经常与我谈论他认为最为重要的价值观和信仰							
2	我的上司为我与他交好，感到骄傲							
3	我的上司强调使命感的重要性							
4	我的上司能够牺牲自己的利益来为组织谋利							
5	我的上司能够以我尊重的方式行事							
6	我的上司会考虑决策结果所带来的道德和伦理问题							
7	我的上司能够展现出较强的自信和权威							
8	我的上司会强调集体主义感的重要性							

续表

序号	题项	完全不符合	不符合	基本不符合	不确定	较为符合	符合	完全符合
9	我的上司会以乐观的方式谈论未来							
10	我的上司能够充满热情地谈论接下来需要完成的事情							
11	我的上司经常向我们描绘令人向往的未来							
12	我的上司通常向我们传达对于达成目标的自信							
13	我的上司会花时间指导我们的工作							
14	我的上司会个性化地给予我关怀							
15	我的上司会重视我独特的需求、能力和愿景							
16	我的上司能帮助我增强我的优势							
17	我的上司能够从新的角度审视问题							
18	我的上司能够从不同的视角解决问题							
19	我的上司能够使我从不同的方面思考问题							
20	我的上司能够提出完成任务的新方法							

本问卷到此结束，恳请您再检查一遍有无漏答的题目，再次感谢您的热心支持与帮助！

附件 3　员工问卷

尊敬的女士/先生：您好！

为了了解组织公民行为的状况，以便给组织建设和员工发展提供一些有价值的建议，我们进行了本次调查。本问卷采用匿名的方式进行填写，我们保证所取得的调查数据仅供学术研究之用，没有任何商业或其他用途，请您放心作答。您的参与将使我们的研究更加完善，对您的合作表示深深的感谢！

1. 助人行为调查问卷

请根据您对自己的感知和评价，选择最符合实际情况的描述，并在相应的位置打"√"。

序号	题项	完全不符合	不符合	基本不符合	不确定	较为符合	符合	完全符合
1	我会主动帮助那些工作任务没有完成的同事							
2	我乐意与同事们分享我的专业知识							
3	当其他同事间出现矛盾时，我会出面调解							
4	我会提前采取措施以避免与其他同事产生矛盾							
5	我愿意花费额外时间去帮助在工作中遇到困难的同事							
6	在实施可能会影响到其他同事的行动之前，我会先与他们打招呼							
7	我会鼓励情绪低落的同事							

2. 建言行为调查问卷

请根据您对自己的感知和评价，选择最符合实际情况的描述，并在相应的位置打"√"。

序号	题项	完全不符合	不符合	基本不符合	不确定	较为符合	符合	完全符合
1	我能够发现工作中存在的问题并对此提出建议							
2	我不仅能够自己对组织中存在的问题提出建议，而且会鼓励同事也参与其中							
3	即使有不同甚至反对意见，我也要把我的想法与同事交流							
4	当我的想法能对组织有帮助时，我会告诉组织我的想法							
5	对于那些可能影响大家工作质量的问题，我会积极地建言							
6	我会就工作中的新方案提出自己的建议							

本问卷到此结束，恳请您再检查一遍有无漏答的题目，再次感谢您的热心支持与帮助！

附件4 领导问卷

尊敬的领导：您好！

为了解组织公民行为的状况，以便给组织建设和员工发展提供有价值的建议，我们进行了本次调查。本问卷采用匿名方式填写，我们保证所得数据仅供学术研究之用，没有任何商业或其他用途，请您放心作答。您的参与将使我们的研究更加完善，对您的合作表示深深的感谢！

1. 助人行为调查问卷

请根据您对该下属的表现，选择最符合实际情况的描述，并在相应的位置打"√"。

序号	题项	完全不符合	不符合	基本不符合	不确定	较为符合	符合	完全符合
1	该下属能够发现工作中存在的问题并对此提出建议							
2	该下属不仅能够自己对组织中存在的问题提出建议，而且会鼓励其他同事也参与其中							
3	即使有不同甚至反对意见，该下属也会与其他同事交流其想法							
4	当该下属的想法能够对组织有帮助时，他会告知组织他的想法							
5	对那些可能影响工作质量的问题，该下属会积极地建言							
6	该下属会就工作中的新方案提出自己的建议							

2. 建言行为调查问卷

请根据您对该下属的表现，选择最符合实际情况的描述，并在相应的位置打"√"。

序号	题项	完全不符合	不符合	基本不符合	不确定	较为符合	符合	完全符合
1	该下属会主动帮助那些工作任务没有完成的同事							
2	该下属乐意与同事们分享他的专业知识							
3	当其他同事间出现矛盾时，该下属会出面调解							
4	该下属会提前采取措施以避免与其他同事产生矛盾							
5	该下属愿意花额外时间去帮助工作中遇到困难的同事							
6	在实施可能会影响到其他同事的行动之前，该下属会先与他们打招呼							
7	该下属会鼓励情绪低落的同事							

3. 任务绩效调查问卷

请根据您对该下属的表现，选择最符合实际情况的描述，并在相应的位置打"√"。

序号	题项	完全不符合	不符合	基本不符合	不确定	较为符合	符合	完全符合
1	该下属能够称职地完成所交给的工作职责							
2	该下属能够履行工作说明书中明确提及的责任							
3	该下属能够完成所期望的工作任务							
4	该下属能够达到工作绩效的要求							
5	该下属能够完成工作中的义务性内容							

4. 领导成员交换关系调查问卷

请根据您对该下属的感知和评价，选择最符合实际情况的描述，并在相应的位置打"√"。

续表

序号	题项	完全不符合	不符合	基本不符合	不确定	较为符合	符合	完全符合
1	我很清楚我的下属的工作表现							
2	我了解该下属在工作上的问题和需要							
3	我非常了解该下属的潜力							
4	我会运用自身的职权来帮该下属解决工作中遇到的实际问题							
5	当该下属需要时，我会极力地帮助他，即使牺牲我自己的利益							
6	我十分信任该下属，即使我不在场，他也会替我所做出的决策做解释和辩护							
7	我认为我和该下属之间的关系很好							

本问卷到此结束，恳请您再检查一遍有无漏答的题目，再次感谢您的热心支持与帮助！

参考文献

［1］陈美君:《主动性人格与大学生创业意向的关系研究》,暨南大学,2009年。

［2］邓今朝:《团队成员目标取向与建言行为的关系:一个跨层分析》,载于《南开管理评论》2010年第5期,第12~21页。

［3］段锦云、钟建安:《"大五"与组织中的角色外行为之间关系研究》,载于《心理研究》2009年第5期,第49~53页、第64页。

［4］孔茗、袁悦、钱小军:《领导—成员喜欢一致性对员工工作投入的影响及其机制》,载于《南开管理评论》2017年第6期,第104~115页。

［5］寇美玲:《本土企业组织职业生涯管理、情感承诺与组织公民行为关系研究》,山东大学,2012年。

［6］黎青:《主动性人格及其对职业倦怠和工作绩效的影响》,陕西师范大学,2009年。

［7］林声浃、杨百寅:《中韩家长式领导与组织支持感及组织公民行为之间关系的比较研究》,载于《管理世界》2014年第3期,第182~183页。

［8］刘生敏、廖建桥:《真实型领导真能点亮员工的希望之言吗》,载于《管理评论》2015年第4期,第111~121页。

［9］刘颖、张正堂、王亚蓓:《团队薪酬分配过程、任务互依性对成员合作影响的实验研究》,载于《经济科学》2012年第5期,第92~103页。

［10］刘远、周祖城:《员工感知的企业社会责任、情感承诺与组织公民行为的关系——承诺型人力资源实践的跨层调节作用》,载于《管理评

论》2015 年第 10 期，第 118～127 页。

[11] 曲如杰、康海琴：《领导行为对员工创新的权变影响研究》，载于《管理评论》2014 年第 1 期，第 88～98 页。

[12] 任菲：《工程项目团队心理授权对组织公民行为的影响研究》，天津理工大学，2016 年。

[13] 商佳音、甘怡群：《主动性人格对大学毕业生职业决策自我效能的影响》，载于《北京大学学报（自然科学版）》2009 年第 3 期，第 548～554 页。

[14] 史静铮、莫显坤、孙振球：《量表编制中内容效度指数的应用》，载于《中南大学学报》2012 年第 2 期，第 152～155 页。

[15] 唐春勇、潘妍：《领导情绪智力对员工组织认同、组织公民行为影响的跨层分析》，载于《南开管理评论》2010 年第 4 期，第 115～124 页。

[16] 汪鸿昌、廖雪华、肖静华：《社会规范视角下的关系理论之合法性研究》，载于《管理学报》2014 年第 5 期，第 764～771 页。

[17] 汪林、储小平、倪婧：《领导—部属交换、内部人身份认知与组织公民行为——基于本土家族企业视角的经验研究》，载于《管理世界》2009 年第 1 期，第 97～107 页、第 188 页。

[18] 王震、孙健敏、张瑞娟：《管理者核心自我评价对下属组织公民行为的影响：道德式领导和集体主义导向的作用》，载于《心理学报》2012 年第 9 期，第 1231～1243 页。

[19] 王重鸣、邓靖松：《不同任务情境中虚拟团队绩效过程模式》，载于《心理学报》2005 年第 5 期，第 681～686 页。

[20] 文芳：《中学生主动性人格特点及其与学习适应性的相关研究》，湖南师范大学，2011 年。

[21] 吴敏、刘主军、吴继红：《变革型领导、心理授权与绩效的关系研究》，载于《软科学》2009 年第 10 期，第 111～117 页。

[22] 吴明隆：《问卷统计分析实务——SPSS 操作与应用》，重庆大学出版社 2009 年版。

[23] 谢俊、严鸣：《积极应对还是逃避？主动性人格对职场排斥与组

织公民行为的影响机制》，载于《心理学报》2016 年第 10 期，第 1314 ~ 1325 页。

[24] 阎婧、刘志迎、郑晓峰：《环境动态性调节作用下的变革型领导、商业模式创新与企业绩效》，载于《管理学报》2016 年第 8 期，第 1208 ~ 1214 页。

[25] 颜静、樊耘、张旭：《顺从型与挑战型组织公民行为：基于情感体验与理性认知双路径》，载于《管理工程学报》2016 年第 3 期，第 63 ~ 71 页。

[26] 杨春江、蔡迎春、侯红旭：《心理授权与工作嵌入视角下的变革型领导对下属组织公民行为的影响研究》，载《管理学报》2015 年第 2 期，第 231 ~ 239 页。

[27] 叶莲花：《企业员工前瞻性人格的结构及相关研究》，暨南大学，2007。

[28] 余璇、陈维政：《组织伦理气候对员工工作场所行为的影响研究——以工作疏离感为中介变量》，载于《大连理工大学学报（社会科学版）》2015 年第 4 期，第 35 ~ 40 页。

[29] 曾垂凯：《LMX 与知识型组织公民行为的实证研究》，载于《科研管理》2012 年第 10 期，第 114 ~ 120 页、第 137 页。

[30] 张兰霞、张靓婷、付竞瑶、贾明媚：《员工建言行为在目标导向与工作绩效间的传导作用研究》，载于《管理学报》2018 年第 6 期，第 827 ~ 836 期。

[31] 张兰霞、张靓婷、裴亚寒：《自恋型领导的双面特质对组织公民行为的作用机制——一个被调节的中介效应模型》，载于《技术经济》2017 年第 3 期，第 68 ~ 78 页。

[32] 赵国祥、王明辉、凌文辁：《企业员工组织社会化内容的结构维度》，载于《心理学报》2007 年第 6 期，第 1102 ~ 1110 页。

[33] 郑晓明、王倩倩：《伦理型领导对员工助人行为的影响：员工幸福感与核心自我评价的作用》，载于《科学学与科学技术管理》2016 年第 2 期，第 149 ~ 160 页。

[34] Ahmed, N. O. A. Impact of Human Resource Management Practices

on Organizational Citizenship Behavior: An Empirical Investigation from Banking Sector of Sudan. *International Review of Management & Marketing*, Vol. 6, No. 4, 2016, pp. 964 – 973.

[35] Allen, T. D., Barnard, S., Rush, M. C., Russell, J. E. A.. Ratings of Organizational Citizenship Behavior: Does The Source Make A Difference? *Human Resource Management Review*, Vol. 10, No. 1, 2000, pp. 97 – 114.

[36] Allinson, D. C. W., Armstrong, S. J., Hayes, J.. The Effects of Cognitive Style on Leader-Member Exchange: A Study of Manager-Subordinate Dyads. *Journal of Occupational and Organizational Psychology*, Vol. 74, No. 2, 2001, pp. 201 – 220.

[37] Alvin, W. G.. The Norm of Reciprocity: A Preliminary Statement. *American Sociological Review*, Vol. 25, No. 2, 1960, pp. 161 – 178.

[38] Ashford, S. J., Black, J. S.. Proactivity during Organizational Entry: The Role of Desire for Control. *Journal of Applied Psychology*, Vol. 81, No. 2, 1996, pp. 199 – 214.

[39] Ashforth, B. E., Lee, R. T.. Burnout as A Process: Commentary on Cordes, Dougherty and Blum. *Journal of Organizational Behavior*, Vol. 18, No. 6, 1997, pp. 703 – 708.

[40] Ashforth, B. E.. Role Transitions in Organizational Life: An Identity-Based Perspective. *Academy of Management Review*, Vol. 26, No. 4, 2001, pp. 670 – 672.

[41] Avolio, B. J., Bass, B. M.. Individual Consideration Viewed at Multiple Levels of Analysis: A Multi-Level Framework for Examining The Diffusion of Transformational Leadership. *Leadership Quarterly*, Vol. 6, No. 2, 1995, pp. 199 – 218.

[42] Bachrach, D. G., Hood, A. C., Stoutner, O. K.. Diminishing Returns? The Curvilinear Relationship between OCB and Performance in Teams. Academy of Management Annual Meeting Proceedings, 2015.

[43] Bachrach, D. G., Wang, H., Bendoly, E., Zhang, S. Y.. Importance of Organizational Citizenship Behaviour for Overall Performance Evaluation:

Comparing the Role of Task Interdependence in China and the USA. *Management & Organization Review*, Vol. 3, No. 2, 2010, pp. 255 – 276.

[44] Barnard, C. I.. The Functions of The Executive. Cambridge, MA: Harvard University Press, 1938.

[45] Bass, B. M.. Leadership and Performance beyond Expectations. New York: Free Press. 1985.

[46] Bateman, T. S., Crant, J. M.. The Proactive Component of Organizational Behavior: A Measure and Correlates. *Journal of Organizational Behavior*, Vol. 14, No. 2, 1993, pp. 103 – 118.

[47] Bauer, T. N., Bodner, T., Erdogan, B., Truxillo, D. M., Tucker, J. S.. Newcomer Adjustment during Organizational Socialization: A Meta-Analytic Review of Antecedents, Outcomes, and Methods. *Journal of Applied Psychology*, Vol. 92, No. 3, 2007, pp. 707 – 721.

[48] Bauer, T. N., Erdogan, B.. *Organizational Socialization: The Effective Onboarding of New Employees.* APA Handbook of I/O Psychology, Volume III. 2011, pp. 51 – 64.

[49] Benzinger, D.. Organizational Socialization Tactics and Newcomer Information Seeking in the Contingent Workforce. *Personnel Review*, Vol. 45, No. 4, 2016, pp. 743 – 763.

[50] Berger, C. R.. Some Explorations in Initial Interaction and Beyond: Toward A Developmental Theory of Interpersonal Communication. *Human Communication Research*, Vol. 1, No. 2, 1975, pp. 99 – 112.

[51] Bergeron, D. M., Schroeder, T. D., Martinez, H. A.. Proactive Personality at Work: Seeing More to Do and Doing More? *Journal of Business & Psychology*, Vol. 29, No. 1, 2013, pp. 71 – 86.

[52] Bergeron, D. M., Shipp, A. J., Rosen, B., Furst, S. A.. Organizational Citizenship Behavior and Career Outcomes: The Cost of Being a Good Citizen. *Journal of Management*, Vol. 39, No. 4, 2012, pp. 958 – 984.

[53] Berkowitz, L.. Social Norms, Feelings, and Other Factors Affecting Helping and Altruism. *Advances in Experimental Social Psychology*, No. 6,

1972, pp. 63 – 108.

[54] Bilino, M. C. , Varela, J. A. , Bande, B. . The Impact of Impression Management Tactics on Supervisor Ratings of Organizational Citizenship Behavior. *Journal of Organizational Behavior*, Vol. 27, No. 3, 2006, pp. 281 – 297.

[55] Bishop, J. W. , Dow, S. K. . An Examination of Organizational and Team Commitment in A Self-Directed Team Environment. *Journal of Applied Psychology*, Vol. 85, No. 3, 2000, pp. 439 – 450.

[56] Blakely, G. L. , Andrews, M. C. , Fuller, J. . Are Chameleons Good Citizens? A Longitudinal Study of the Relationship between Self-Monitoring and Organizational Citizenship Behavior. *Journal of Business and Psychology*, Vol. 18, No. 2, 2003, pp. 131 – 144.

[57] Blau, P. M. . Exchange and Power in Social Life. Wiley: New York, 1964.

[58] Bolino, M. C. , Harvey, J. , Bachrach, D. G. . A Self-Regulation Approach to Understanding Citizenship Behavior in Organizations. *Organizational Behavior & Human Decision Processes*, Vol. 119, No. 1, 2012, pp. 126 – 139.

[59] Bolino, M. C. , Turnley, W. H. . The Personal Costs of Citizenship Behavior: The Relationship between Individual Initiative and Role Overload, Job Stress, and Work-Family Conflict. *Journal of Applied Psychology*, Vol. 90, No. 4, 2005, pp. 740 – 748.

[60] Borman, W. C. , Motowidlo, S. J. . Task Performance and Contextual Performance: The Meaning for Personnel Selection Research. *Human Performance*, Vol. 10, No. 2, 1997, pp. 99 – 109.

[61] Borman, W. C. . Expanding the Criterion Domain to Include Elements of Contextual Performance. In N. Schmitt & W. C. Borman (Eds.), Personnel Selection, San Francisco: Jossey-Bass, 1993, pp. 71 – 98.

[62] Boulanger, C. . The Decision to Reciprocate OCB: An Examination of the Influence of Individual, Relationship, and Help Characteristics. San Diego State University Working Paper, 2013.

［63］Buil, I., Martínez, E., Matute, J.. Transformational Leadership and Employee Performance: The Role of Identification, Engagement and Proactive Personality. *International Journal of Hospitality Management*, Vol. 77, No. 1, 2019, pp. 64 – 75.

［64］Burns, J. M.. Leadership. New York: Harper & Row, 1978.

［65］Camara, M., Bacigalupe, G., Padilla, P.. The Role of Social Support in Adolescents: Are You Helping Me or Stressing Me Out? *International Journal of Adolescence & Youth*, No. 3, 2014, pp. 123 – 136.

［66］Campbell, D. J.. The Proactive Employee: Managing Workplace Initiative. *The Academy of Management Executive* (1993 – 2005), Vol. 14, No. 3, 2000, pp. 52 – 66.

［67］Caplan, R. D., Harrison, R. V.. Person-Environment Fit Theory: Some History, Recent Developments, and Future Directions. *Journal of Social Issues*, Vol. 49, No. 4, 2010, pp. 253 – 275.

［68］Carpenter, N. C., Berry, C. M., Houston, L.. A Meta-analytic Comparison of Self-reported and Other-Reported Organizational Citizenship Behavior. *Journal of Organizational Behavior*, Vol. 35, No. 4, 2014, pp. 547 – 574.

［69］Castro, F., Gomes, J., Sousa, F. C. D.. Do Intelligent Leaders Make a Difference? The Effect of a Leader's Emotional Intelligence on Followers' Creativity. *Creativity & Innovation Management*, Vol. 21, No. 2, 2012, pp. 171 – 182.

［70］Chao, G. T., O'Leary-Kelly, A. M., Wolf, S., Klein, H. J., Gardner, P. D.. Organizational Socialization: Its Content and Consequences. Journal of Applied Psychology, Vol. 79, No. 5, 1994, pp. 730 – 743.

［71］Chao, G. T., Walz, P., Gardner, P. D.. Formal and Informal Mentorships: A Comparison on Mentoring Functions and Contrast with Nonmentored Counterparts. *Personnel Psychology*, Vol. 45, No. 3, 1992, pp. 619 – 636.

［72］Claes, R., Beheydt, C., Lemmens, B.. Unidimensionality of Abbreviated Proactive Personality Scales across Cultures. Journal of Applied Psychology, Vol. 54, No. 4, 2005, pp. 476 – 489.

［73］ Cohen, A., Veled-Hecht, A.. The Relationship between Organizational Socialization and Commitment in the Workplace among Employees in Long-Term Nursing Care Facilities. *Personnel Review*, Vol. 39, No. 5, 2010, pp. 537 – 556.

［74］ Cohen, J., Cohen, P., West, S. G.. *Applied Multiple Regression/ Correlation Analysis for The Behavioral Sciences (Third Edition)*. Hillsdale, New Jersey: Lawrence Erlbaum Associates, 2003.

［75］ Collins, C. J.. A Comparison of The Effects of Positive and Negative Information on Job Seekers' Organizational Attraction and Attribute Recall. Human Performance, Vol. 23, No. 3, 2010, pp. 193 – 212.

［76］ Cooper, D., Thatcher, S. M. B.. Identification in Organizations: The Role of Self-Concept Orientations and Identification Motives. *Academy of Management Review*, Vol. 35, No. 4, 2010, pp. 516 – 538.

［77］ Cropanzano, R., Mitchell, M. S.. Social Exchange Theory: An Interdisciplinary Review. *Journal of Management*, Vol. 31, No. 6, 2005, pp. 874 – 900.

［78］ Cross, S. E., Bacon, P. L., Morris, M. L.. The Relational-Interdependent Self-Construal and Relationships. *Journal of Personality and Social Psychology*, Vol. 78, No. 4, 2000, pp. 791 – 808.

［79］ Dalai, R. S., Lam, H., Weiss, H. M., et al. A Dynamic Approach to Organizational Citizenship Behavior and Counterproductive Work Behavior: Behavioral Co-Occurrence and Switching, and Dynamic Relationships with Mood and Overall Job Performance. *Academy of Management Journal*, Vol. 52, No. 2, 2009, pp. 1051 – 1066.

［80］ Dalal, R. S., Bhave, D. P., Fiset, J.. Within-Person Variability in Job Performance: A Theoretical Review and Research Agenda. *Journal of Management*, Vol. 40, No. 5, 2014, pp. 1396 – 1436.

［81］ David, W. J., Roger, T. J., Mary, B. S.. Impact of Goal and Resource Interdependence on Problem-Solving Success. *Journal of Social Psychology*, Vol. 129, No. 5, 1989, pp. 621 – 629.

[82] Deluga, R. J.. Supervisor Trust Building, Leader Member Exchange and Organizational Citizenship Behaviour. *Journal of Occupational & Organizational Psychology*, Vol. 67, No. 4, 2011, pp. 315 – 326.

[83] Detert, J. R., Burris, E. R.. Leadership Behavior and Employee Voice: Is the Door Really Open? *Academy of Management Journal*, Vol. 50, No. 4, 2007, pp. 869 – 884.

[84] Dewett, T., Denisi, A. S.. What Motivates Organizational Citizenship Behaviours? Exploring the Role of Regulatory Focus Theory. *European Journal of Work & Organizational Psychology*, Vol. 16, No. 3, 2007, pp. 241 – 260.

[85] Diefendorff, J. M., Greguras, G. J., Fleenor, J.. Perceived Emotional Demands-Abilities Fit. *Applied Psychology*, Vol. 65, No. 1, 2016, pp. 2 – 37.

[86] Dineen, B. R., Vandewalle, D., Noe, R. A., Wu, L., Lockhart, D.. Who Cares about Demands-Abilities Fit? Moderating Effects of Goal Orientation on Recruitment and Organizational Entry Outcomes. *Personnel Psychology*, Vol. 71, No. 4, 2017, pp. 1 – 24.

[87] Do, B. R., Yeh, P. W.. Perceived Organizational Change on Employees' Service-Oriented OCB: Exploring the Mediation of Affective Commitment. *International Journal of Information & Management Sciences*, Vol. 26, No. 2, 2015, pp. 139 – 149.

[88] Donaldson, S. I., Ensher, E. A., Grant-Vallone, E. J.. Longitudinal Examination of Mentoring Relationships on Organizational Commitment and Citizenship Behavior. *Journal of Career Development*, Vol. 26, No. 4, 2000, pp. 233 – 249.

[89] Dunford, B. B., Shipp, A. J., Boss, R. W., Angermeier, I., Boss, A. D.. Is Burnout Static or Dynamic? A Career Transition Perspective of Employee Burnout Trajectories. *Journal of Applied Psychology*, Vol. 97, No. 3, 2012, pp. 637 – 650.

[90] Edwards, J. R., Caplan, R. D., Harrison, R. V.. *Person-Environment Conceptual Foundations, Empirical Evidence, and Directions for Fu-*

ture Research. In C. L. (Ed.), Theories of organizational stress. Oxford: Oxford University Press, 1998, pp. 28 – 76.

[91] Fang, R., Duffy, M. K., Shaw, J. D.. The Organizational Socialization Process: Review and Development of A Social Capital Model. *Journal of Management*, Vol. 37, No. 1, 2011, pp. 127 – 152.

[92] Farh, J. L., Earley, P. C., Lin, S. C.. Impetus for Action: A Cultural Analysis of Justice and Organizational Citizenship Behavior in Chinese Society. *Administrative Science Quarterly*, Vol. 42, No. 3, 1997, pp. 421 – 444.

[93] Farh, J. L., Zhong, C. B., Organ, D. W.. Organizational Citizenship Behavior in the People's Republic of China. *Organization Science*, Vol. 15, No. 2, 2004, pp. 241 – 253.

[94] Feldman, D. C., Brett, J. M.. Coping with New Jobs: A Comparative Study of New Hires and Job Changers. *Academy of Management Journal*, Vol. 26, No. 2, 1983, pp. 258 – 272.

[95] Feldman, D. C.. Careers in Organizations: Recent Trends and Future Directions. *Journal of Management*, Vol. 15, No. 2, 1989, pp. 135 – 156.

[96] Feldman, D. C.. The Multiple Socialization of Organization Members. *Academy of Management Review*, Vol. 6, No. 2, 1981, pp. 309 – 318.

[97] Fisher, C. D.. Organizational Socialization: An Integrative Review. In Rowland K. M., Ferris G. R.. (Eds) Research in Personnel and Human Resources Management. Greenwich, CT: JAI Press, 1986, pp. 101 – 145.

[98] Frazier, M. L.. Voice Climate in Organizations: A Group-Level Examination of Antecedents and Performance Outcomes. Oklahoma, Oklahoma State University Working Paper, 2009.

[99] Gajendran, R. S., Harrison, D. A.. The Good, the Bad, and the Unknown about Telecommuting: Meta-Analysis of Psychological Mediators and Individual Consequences. *Journal of Applied Psychology*, Vol. 92, No. 6, 2007, pp. 1524 – 1541.

[100] Galletta, M., Portoghese, I.. Organizational Citizenship Behavior in Healthcare: The Roles of Autonomous Motivation, Affective Commitment and

Learning Orientation. *Revue Internationale De Psychologie Sociale*, Vol. 25, No. 3 –4, 2012, pp. 121 –145.

[101] Göbel, M., Vogel, R., Weber, C.. Management Research on Reciprocity: A Review of the Literature. *Bur Business Research*, Vol. 6, No. 1, 2013, pp. 34 –53.

[102] George, J. M., Jones, G. R.. Organizational Spontaneity in Context. *Human Performance*, Vol. 10, No. 2, 1997, pp. 153 –170.

[103] Gerben, V. D. V., Evert, V. D. V., Oosterhof, A.. Informational Dissimilarity and Organizational Citizenship Behavior: The Role of Intrateam Interdependence and Team Identification. *Academy of Management Journal*, Vol. 46, No. 6, 2003, pp. 715 –727.

[104] Ghitulescu, B. E.. Making Change Happen: The Impact of Work Context on Adaptive and Proactive Behaviors. *Journal of Applied Behavioral Science*, Vol. 49, No. 2, 2013, pp. 206 –245.

[105] Glomb, T. M., Bhave, D. P., Miner, A. G., Wall, M. M.. Doing Good, Feeling Good: Examining the Role of Organizational Citizenship Behaviors in Changing Mood. *Personnel Psychology*, Vol. 64, No. 1, 2011, pp. 191 –223.

[106] Graham, J. W.. An Essay on Organizational Citizenship Behavior. *Employee Responsibilities & Rights Journal*, Vol. 4, No. 4, 1991, pp. 249 –270.

[107] Grant, A. M., Mayer, D. M.. Good Soldiers and Good Actors: Prosocial and Impression Management Motives as Interactive Predictors of Affiliative Citizenship Behaviors. *Journal of Applied Psychology*, Vol. 94, No. 4, 2009, pp. 900 –912.

[108] Grant, A. M.. Does Intrinsic Motivation Fuel the Prosocial Fire? Motivational Synergy in Predicting Persistence, Performance, and Productivity. *Journal of Applied Psychology*, Vol. 93, No. 1, 2008, pp. 48 –58.

[109] Grant, A. M.. Giving Time, Time after Time: Work Design and Sustained Employee Participation in Corporate Volunteering. *Academy of Management Review*, Vol. 37, No. 4, 2012, pp. 589 –615.

[110] Griffin, A., Colella, A., Goparaju, S.. Newcomer and Organizational Socialization Tactics: An Interactionist Perspective. *Human Resource Management Review*, Vol. 10, No. 4, 2000, pp. 453 – 474.

[111] Gruman, J. A., Saks, A. M., Zweig, D. I.. Organizational Socialization Tactics and Newcomer Proactive Behaviors: An Integrative Study. *Journal of Vocational Behavior*, Vol. 69, No. 1, 2006, pp. 90 – 104.

[112] Guay, R. P., Choi, D.. To Whom does Transformational Leadership Matter More? An Examination of Neurotic and Introverted Followers and Their Organizational Citizenship Behavior. *The Leadership Quarterly*, Vol. 26, No. 5, 2015, pp. 851 – 862.

[113] Gundry, L. K.. Prospecting for Strategic Advantage: The Proactive Entrepreneurial Personality and Small Firm Innovation (Statistical Data Included). *Journal of Small Business Management*, Vol. 40, No. 2, 2002, pp. 85 – 97.

[114] Halbesleben, J., Wheeler, A. R.. The Costs and Benefits of Working with Those You Love: A Demand/Resource Perspective on Working with Family. *Research in Occupational Stress and Well-being*, No. 6, 2007, pp. 115 – 163.

[115] Han, J. Y., Hovav, A.. Dimensionality of Social Capital and Organizational Citizenship Behavior in Information Systems Project Teams. *Journal of Computer Information Systems*, Vol. 56, No. 3, 2016, pp. 218 – 227.

[116] Harwiki, W. H. W.. Influence of Servant Leadership to Motivation, Organization Culture, Organizational Citizenship Behavior (OCB), and Employee's Performance in Outstanding Cooperatives East Java Province, Indonesia. *Journal of Business and Management*, Vol. 8, No. 5, 2013, pp. 50 – 58.

[117] He, W., Zhou, R. Y., Long, L. R., Huang, X., Hao, P.. Self-Sacrificial Leadership and Followers' Affiliative and Challenging Citizenship Behaviors: A Relational Self-Concept Based Study in China. *Management & Organization Review*, No. 14, 2018, pp. 1 – 29.

[118] Hobfoll, S. E.. Conservation of Resources: A New Attempt at Conceptualizing Stress. *American Psychologist*, Vol. 44, No. 3, 1989, pp. 513 – 524.

[119] Ilies, R., Scott, B. A., Judge, T. A.. The Interactive Effects of Personal Traits and Experienced States on Intraindividual Patterns of Citizenship Behavior. *Academy of Management Journal*, Vol. 49, No. 3, 2006, pp. 561 –575.

[120] Jones, G. R.. Socialization Tactics, Self-Efficacy, and Newcomers' Adjustments to Organizations. *Academy of Management Journal*, Vol. 29, No. 2, 1986, pp. 262 –279.

[121] Jones, S. L., Shah, P. P.. Diagnosing the Locus of Trust: A Temporal Perspective for Trustor, Trustee, and Dyadic Influences on Perceived Trustworthiness. *Journal of Applied Psychology*, Vol. 101, No. 3, 2015, pp. 392 – 414.

[122] Joseph, J. O.. Human Resource Management Practices, Employee Engagement and Organizational Citizenship Behaviours (OCB) in Selected Firms in Uganda. *African Journal of Business Management*, Vol. 10, No. 1, 2016, pp. 1 –12.

[123] Kahneman, D., Tversky, A.. Prospect Theory. An Analysis of Decision Making Under Risk. *Econometrica*, Vol. 47, No. 2, 1979, pp. 140 –170.

[124] Kaiser, H. F., Rice, J.. Little Jiffy, Mark IV. *Educational & Psychological Measurement*, Vol. 34, No. 1, 1974, pp. 111 –117.

[125] Katz, D., Kahn, R. L.. The Social Psychology of Organizations. New York: Wiley, 1966.

[126] Kim, Y. J., Van Dyne, L., Kamdar, D., Johnson, R. E.. Why and When do Motives Matter? An Integrative Model of Motives, Role Cognitions, and Social Support as Predictors of OCB. *Organizational Behavior & Human Decision Processes*, Vol. 121, No. 2, 2013, pp. 231 –245.

[127] Kitayama, S., Mesquita, B., Karasawa, M.. Cultural Affordances and Emotional Experience Socially Engaging and Disengaging Emotions in Japan and the United States. *Journal of Personality and Social Psychology*, Vol. 91, No. 5, 2006, pp. 890 –903.

[128] Koopman, J.. Integrating the Bright and Dark Sides of OCB: A Daily Investigation of the Benefits and Costs of Helping Others. *Academy of Man-*

agement Journal, 2016, Vol. 59, No. 2, 2016, pp. 414 – 435.

[129] Korte, R., Lin, S.. Getting on Board: Organizational Socialization and the Contribution of Social Capital. *Human Relations*, Vol. 66, No. 3, 2013, pp. 407 – 428.

[130] Koys, D. J.. The Effects of Employee Satisfaction, Organizational Citizenship Behavior, and Turnover on Organizational Effectiveness: A Unit-Level, Longitudinal Study. *Personnel Psychology*, Vol. 54, No. 1, 2001, pp. 101 – 114.

[131] Kramer, M. W.. Motivation to Reduce Uncertainty: A Reconceptualization of Uncertainty Reduction Theory. *Management Communication Quarterly*, Vol. 13, No. 2, 1999, pp. 305 – 316.

[132] Kuhn, M. H., Mcpartland, T. S.. An Empirical Investigation of Self-Attitudes. *American Sociological Review*, Vol. 19, No. 1, 1954, pp. 68 – 76.

[133] Lai, J. Y., Lam, S. S., Chow, C. W.. What Good Soldiers are Made of: The Role of Personality Similarity. *Journal of Managerial Psychology*, Vol. 30, No. 8, 2015, pp. 1003 – 1018.

[134] Lam, C. F., Wan, W. H., Roussin, C. J.. Going the Extra Mile and Feeling Energized: An Enrichment Perspective of Organizational Citizenship Behaviors. *Journal of Applied Psychology*, Vol. 101, No. 3, 2016, pp. 379 – 391.

[135] Latack, J. C.. Career Transitions within Organizations: An Exploratory Study of Work, Nonwork, and Coping Strategies. *Organizational Behavior & Human Performance*, Vol. 34, No. 3, 1984, pp. 296 – 322.

[136] Lee, L. Y., Veasna, S., Wu, W. Y.. The Effects of Social Support and Transformational Leadership on Expatriate Adjustment and Performance. *Career Development International*, Vol. 18, No. 4, 2013, pp. 377 – 415.

[137] Lepine, J. A., Van Dyne, L.. Voice and Cooperative Behavior as Contrasting Forms of Contextual Performance: Evidence of Differential Relationships with Big Five Personality Characteristics and Cognitive Ability. *Journal of Applied Psychology*, Vol. 86, No. 2, 2001, pp. 326 – 336.

[138] Li, X., Qu, Y., Ren, H.. Examining the Impact of Organiza-

tional Justice and Servant Leadership on OCB. International Conference on Service Systems and Service Management, 2012.

[139] Liang, J. C., Farh, C. I., Farh, J. L.. Psychological Antecedents of Promotive and Prohibitive Voice: A Two-Wave Examination. *Academy of Management Journal*, Vol. 55, No. 1, 2012, pp. 71 – 92.

[140] Liang, S. C., Hsieh, A. T.. The Role of Organizational Socialization in Burnout: A Taiwanese Example. *Social Behavior and Personality: An International Journal*, Vol. 36, No. 36, 2008, pp. 197 – 216.

[141] Liden, R. C., Wayne, S. J., Bradway, L. K.. Task Interdependence as a Moderator of the Relation between Group Control and Performance. *Human Relations*, Vol. 50, No. 2, 1997, pp. 169 – 181.

[142] Louis, M. R.. Surprise and Sense Making: What Newcomers Experience in Entering Unfamiliar Organizational Settings. *Administrative Science Quarterly*, Vol. 25, No. 2, 1980, pp. 226 – 251.

[143] Mackenzie, S. B., Podsakoff, P. M., Fetter, R.. Organizational Citizenship Behavior and Objective Productivity as Determinants of Managerial Evaluations of Salespersons' Performance. *Organizational Behavior & Human Decision Processes*, Vol. 50, No. 1, 1991, pp. 123 – 150.

[144] Major, D. A., Turner, J. E., Fletcher, T. D.. Linking Proactive Personality and the Big Five to Motivation to Learn and Development Activity. *Journal of Applied Psychology*, Vol. 91, No. 4, 2006, pp. 927 – 935.

[145] Matta, F. K., Scott, B. A., Koopman, J., Conlon, D. E.. Does Seeing "Eye to Eye" Affect Work Engagement and Organizational Citizenship Behavior? A Role Theory Perspective on LMX Agreement. *Academy of Management Journal*, Vol. 58, No. 6, 2014, pp. 1686 – 1708.

[146] Meng, Q., Armstrong, S. J.. Role of Cognitive Style Diversity on Relationship Conflict and Organizational Citizenship Behavior. Academy of Management Proceeding, 2017.

[147] Methot, J. R., Lepak, D., Shipp, A. J., Boswell, W. R.. Good Citizen Interrupted: Calibrating A Temporal Theory of Citizenship Behav-

ior. *Academy of Management Review*, Vol. 42, No. 1, 2016, pp. 10 – 31.

[148] Mo, S., Shi, J.. Linking Ethical Leadership to Employees' Organizational Citizenship Behavior: Testing the Multilevel Mediation Role of Organizational Concern. *Journal of Business Ethics*, Vol. 141, No. 1, 2017, pp. 151 – 162.

[149] Mohammadi, M., Asadbeigi, A.. The Impact of Cognitive Flexibility on Resistance to Organizational Change, Considering the Effect of Organizational Citizenship Behavior (OCB), In Tehran Province Gas Company. *Asian Journal of Research in Social Sciences and Humanities.* Vol. 5, No. 8, 2015, pp. 229 – 240.

[150] Mohr, D. C., Benzer, J. K., Young, G. J.. Provider Workload and Quality of Care in Primary Care Settings: Moderating Role of Relational Climate. *Medical Care*, Vol. 51, No. 1, 2013, pp. 108 – 114.

[151] Mohr, L. B.. Organizational Technology and Organizational Structure. *Administrative Science Quarterly*, Vol. 16, No. 4, 1971, pp. 444 – 459.

[152] Morrison, E. W.. Information Usefulness and Acquisition during Organizational Encounter. *Management Communication Quarterly*, Vol. 9, No. 2, 1995, pp. 131 – 155.

[153] Morrison, E. W.. Newcomers' Relationships: The Role of Social Network Ties during Socialization. *Academy of Management Journal*, Vol. 45, No. 6, 2002, pp. 1149 – 1160.

[154] Morrison, E. W.. Role Definitions and Organizational Citizenship Behavior: The Importance of the Employee's Perspective. *Academy of Management Journal*, Vol. 37, No. 6, 1994, pp. 1543 – 1567.

[155] Nasra, M. A., Heilbrunn, S.. Transformational Leadership and Organizational Citizenship Behavior in the Arab Educational System in Israel: The Impact of Trust and Job Satisfaction. *Educational Management Administration & Leadership*, Vol. 72, No. 3, 2016, pp. 1389 – 1409.

[156] Naumann, S. E., Bennett, N.. A Case for Procedural Justice Climate: Development and Test of a Multilevel Model. *Academy of Management*

Journal, Vol. 43, No. 5, 2000, pp. 881 – 889.

[157] Ng, T. W. H., Feldman, D. C.. Changes in Perceived Supervisor Embeddedness: Effects on Employees' Embeddedness, Organizational Trust, and Voice Behavior. *Personnel Psychology*, Vol. 66, No. 3, 2013, pp. 645 – 685.

[158] Ng, T. W. H., Feldman, D. C.. Employee Voice Behavior: A Meta-Analytic Test of the Conservation of Resources Framework. *Journal of Organizational Behavior*, Vol. 33, No. 2, 2012, pp. 216 – 234.

[159] Nielsen, I.. The Impact of Employee Perceptions of Organizational Corporate Social Responsibility Practices on Job Performance and Organizational Citizenship Behavior: Evidence from the Chinese Private Sector. *International Journal of Human Resource Management*, Vol. 26, No. 9, 2015, pp. 1226 – 1242.

[160] Nielsen, T. M., Bachrach, D. G., Sundstrom, E., Halfhill, T. R.. Utility of OCB: Organizational Citizenship Behavior and Group Performance in a Resource Allocation Framework. *Social Science Electronic Publishing*, Vol. 38, No. 2, 2010, pp. 668 – 694.

[161] Nifadkar, S. S., Bauer, T. N.. Breach of Belongingness: Newcomer Relationship Conflict, Information, and Task-Related Outcomes during Organizational Socialization. *Journal of Applied Psychology*, Vol. 101, No. 1, 2015, pp. 1 – 13.

[162] Organ, D. W., Ryan, K.. A Meta-Analytic Review of Attitudinal and Dispositional Predictors of Organizational Citizenship Behavior. *Personnel Psychology*, Vol. 48, No. 4, 1995, pp. 775 – 802.

[163] Organ, D. W.. Organizational Citizenship Behavior: It's Construct Clean-Up Time. *Human Performance*, Vol. 10, No. 2, 1997, pp. 85 – 97.

[164] Organ, D. W.. Organizational Citizenship Behavior: The Good Soldier Syndrome. Lexington, MA: Lexington, 1988.

[165] Oyserman, D., Lee, S. W. S.. Does Culture Influence What and How We Think? Effects of Priming Individualism and Collectivism. *Psychological Bulletin*, Vol. 134, No. 2, 2008, pp. 311 – 342.

[166] Park, J. C., Kim, S. H.. The Relationships among Leader-Mem-

ber Exchange (LMX), Leader Integrity, Perceived Team Efficacy, Organizational Citizenship Behavior. *European Geriatric Medicine*, Vol. 15, No. 4, 2015, pp. 420 – 430.

[167] Park, R.. The Roles of OCB and Automation in the Relationship between Job Autonomy and Organizational Performance: A Moderated Mediation Model. *International Journal of Human Resource Management*, Vol. 29, No. 6, 2016, pp. 1 – 18.

[168] Parker, S. K., Sprigg, C. A.. Minimizing Strain and Maximizing Learning: the Role of Job Demands, Job Control, and Proactive Personality. *Journal of Applied Psychology*, Vol. 84, No. 6, 1999, pp. 925 – 939.

[169] Parker, S. K.. Enhancing Role Breadth Self-Efficacy: The Roles of Job Enrichment and Other Organizational Interventions. *Journal of Applied Psychology*, Vol. 83, No. 6, 1998, pp. 835 – 852.

[170] Pearce, J. L., Gregersen, H. B.. Task Interdependence and Extrarole Behavior: A Test of the Mediating Effects of Felt Responsibility. *Journal of Applied Psychology*, Vol. 76, No. 6, 1991, pp. 838 – 844.

[171] Penner, L. A., Midili, A. R., Kegelmeyer, J.. Beyond Job Attitudes: A Personality and Social Psychology Perspective on the Causes of Organizational Citizenship Behavior. *Human Performance*, Vol. 10, No. 2, 1997, pp. 111 – 131.

[172] Pinder, C. C., Schroder, K. G.. Personnel Transfers and Employee Development. Greenwich, CT: JAI Press, 1984.

[173] Podsakoff, N. P., Whiting, S. W., Podsakoff, P. M., Blume, B. D.. Individual-and Organizational-Level Consequences of Organizational Citizenship Behaviors: A Meta-Analysis. *Journal of Applied Psychology*, Vol. 94, No. 1, 2009, pp. 122 – 141.

[174] Podsakoff, P. M., Ahearne, M., Mackenzie, S. B.. Organizational Citizenship Behavior and the Quantity and Quality of Work Group Performance. *Journal of Applied Psychology*, Vol. 82, No. 2, 1997, pp. 262 – 270.

[175] Podsakoff, P. M., Mackenzie, S. B., Paine, J. B., Bachrach,

D. G. . Organizational Citizenship Behaviors: A Critical Review of the Theoretical and Empirical Literature and Suggestions for Future Research. *Journal of Management*, Vol. 26, No. 3, 2000, pp. 513 – 563.

[176] Premeaux, S. F. , Bedeian, A. G. . Breaking the Silence: The Moderating Effects of Self-Monitoring in Predicting Speaking up in the Workplace. *Journal of Management Studies*, Vol. 40, No. 6, 2003, pp. 1537 – 1562.

[177] Raghuram, S. , Garud, R. , Wiesenfeld, B. , Gupta, V. . Factors Contributing to Virtual Work Adjustment. *Journal of Management*, Vol. 27, No. 3, 2001, pp. 383 – 405.

[178] Raghuram, S. , Hill, N. S. , Gibbs, J. L. , Maruping, L. M. . Virtual Work: Bridging Research Clusters. *Academy of Management Annals*. Vol. 13, No. 1, 2019, pp. 308 – 341.

[179] Saks, A. M. , Ashforth, B. E. . Proactive Socializationand Behavioral Self-Management. *Journal of Vocational Behavior*, Vol. 48, No. 3, 1996, pp. 301 – 323.

[180] Salancik, G. R. , Pfeffer, J. . A Social Information Processing Approach to Job Attitudes and Task Design. *Administrative Science Quarterly*, Vol. 23, No. 2, 1978, pp. 224 – 253.

[181] Saoula, O. , Husna, J. , Muhammad, A. B. . The Mediating Effect of Organizational Citizenship Behaviour on the Relationship between Personality Traits (Big Five) and Turnover Intention: A Proposed Framework. *International Business Management*, No. 10, 2016, pp. 4755 – 4766.

[182] Schein, E. H. . Career Anchors Revisited: Implications for Career Development in the 21st Century. *Academy of Management Executive*, Vol. 10, No. 4, 1996, pp. 80 – 88.

[183] Schein, E. H. . Organizational Socialization and the Profession of Management. *Industrial Management Review*, No. 9, 1968, pp. 1 – 16.

[184] Seibert, S. E. , Crant, J. M. , Kraimer, M. L. . Proactive Personality and Career Success. *Journal of Applied Psychology*, Vol. 84, No. 3, 1999, pp. 416 – 427.

[185] Seltzer, J. , Bass, B. M. . Transformational Leadership: Beyond Initiation and Consideration. *Journal of Management*, Vol. 16, No. 4, 1990, pp. 693 – 703.

[186] Settoon, R. P. , Mossholder, K. W. . Relationship Quality and Relationship Context as Antecedents of Person-and Task-Focused Interpersonal Citizenship Behavior. *Journal of Applied Psychology*, Vol. 87, No. 2, 2002, pp. 255 – 267.

[187] Shi, X. L. . Social Interdependence Theory in Sport. *Birmingham: University of Birmingham Working Paper*, 2018.

[188] Shin, Y. , Kim, M. S. , Choi, J. N. , Kim, M. , Oh, W. K. . Does Leader-Follower Regulatory Fit Matter? The Role of Leader-Follower Regulatory Fit in Followers' Organizational Citizenship Behavior. *Academy of Management Proceedings*, 2017.

[189] Smith, C. A. , Organ, D. W. , Near, J. P. . Organizational Citizenship Behavior: Its Nature and Antecedents. *Journal of Applied Psychology*, Vol. 68, No. 4, 1983, pp. 653 – 663.

[190] Spector, P. E. , Fox, S. . An Emotion-Centered Model of Voluntary Work Behavior : Some Parallels between Counterproductive Work Behavior and Organizational Citizenship Behavior. *Human Resource Management Review*, Vol. 12, No. 2, 2002, pp. 269 – 292.

[191] Spitzmuller, M. , Van Dyne, L. . Proactive and Reactive Helping: Contrasting the Positive Consequences of Different Forms of Helping. *Journal of Organizational Behavior*, Vol. 34, No. 4, 2013, pp. 560 – 580.

[192] Stouten, J. , Dijke, M. V. , Mayer, D. M. , Cremer, D. D. , Euwema, M. C. . Can a Leader be Seen as too Ethical? The Curvilinear Effects of Ethical Leadership. *Leadership Quarterly*, Vol. 24, No. 5, 2013, pp. 680 – 695.

[193] Strojny, P. , Kossowska, M. , Strojny, A. . Search for Expectancy-Inconsistent Information Reduces Uncertainty Better: The Role of Cognitive Capacity. *Frontiers in Psychology*, No. 7, 2016, pp. 1 – 12.

[194] Sunnafrank, M. . Predicted Outcome Value During Initial Interac-

tions：A Reformulation of Uncertainty Reduction Theory. *Human Communication Research*，*Vol.* 13，No. 1，1986，pp. 3 – 33.

[195] Taormina，R. J. . The Organizational Socialization Inventory. *International Journal of Selection & Assessment*，Vol. 2，No. 3，1994，pp. 133 – 145.

[196] Tepper，B. J. ，Duffy，M. K. ，Hoobler，J. ，Ensley，M. D. . Moderators of the Relationships between Coworkers' Organizational Citizenship Behavior and Fellow Employees' Attitudes. *Journal of Applied Psychology*，Vol. 89，No. 3，2004，pp. 455 – 465.

[197] Tett，R. P. ，Burnett，D. D. . A Personality Trait-Based Interactionist Model of Job Performance. *Journal of Applied Psychology*，Vol. 88，No. 3，2003，pp. 500 – 517.

[198] Thompson，J. A. . Proactive Personality and Job Performance：A Social Capital Perspective. *Journal of Applied Psychology*，Vol. 90，No. 5，2005，pp. 1011 – 1017.

[199] Thompson，J. D. . *Organizations in Action：Social Science Bases of Administrative Theory. New York*：McGraw Hill，1967.

[200] Turner，A. N. ，Lawrence，P. R. . Individual Jobs and the Worker. Boston：*Harvard University*，*Graduate School of Business Administration Working Paper*，1965.

[201] Uhlbien，M. Relationship-based Approach to Leadership：Development of Leader-Member Exchange （LMX） Theory of Leadership over 25 Years：Applying A Multi-Level Multi-Domain Perspective. *Leadership Quarterly*，Vol. 6，No. 2，1995，pp. 219 – 247.

[202] Van，M. J. ，ScheinE，H. . *Toward a Theory of Organizational Socialization*. In B. M. Staw （Ed. ），Research in Organizational Behavior. Greenwich，CT：JAI Press，1979，pp. 209 – 264.

[203] Van，M. J. . *Doing New Things in Old Ways：The Chains of Socialization*，New York：New York University Press，1983.

[204] Van Dyne，L. ，Kamdar，D. ，Joireman，J. . In-Role Perceptions Buffer The Negative Impact of Low LMX on Helping and Enhance the Positive

Impact of High LMX on Voice. *Journal of Applied Psychology*, Vol. 93, No. 6, 2008, pp. 1195 – 1207.

[205] Van Dyne, L., Lepine, J. A.. Helping and Voice Extra-Role Behaviors: Evidence of Construct and Predictive Validity. *Academy of Management Journal*, Vol. 41, No. 1, 1998, pp. 108 – 119.

[206] Van Dyne, L. Cummings, J. McLean, P.. Extra-Role Behaviors: In Pursuit of Construct and Definitional Clarity. *Research in Organizational Behavior*, Vol. 17, 1995, pp. 215 – 285.

[207] Vegt, G. S. V. D., Emans, B. J. M., Vliert, E. V. D.. Patterns of Interdependence in Work Teams: A Two-Level Investigation of the Relations with Job and Team Satisfaction. *Personnel Psychology*, Vol. 54, No. 1, 2001, pp. 51 – 69.

[208] Vigoda-Gadot, E., Angert, L.. Goal Setting Theory, Job Feedback, and OCB: Lessons from a Longitudinal Study. *Basic and Applied Social Psychology*, Vol. 29, No. 2, 2007, pp. 119 – 128.

[209] Wageman, R.. Interdependence and Group Effectiveness. *Administrative Science Quarterly*, Vol. 40, No. 1, 1995, pp. 145 – 180.

[210] Wesche, J. S., Teichmann, E.. Status Matters: The Moderating Role of Perceived Newcomer Status in Leader and Coworker influences on Challenging Organizational Citizenship Behaviour. *German Journal of Human Resource Management Zeitschrift Für Personalforschung*, Vol. 30, No. (3 – 4), 2016, pp. 267 – 286.

[211] Williams, L. J., Anderson, S. E.. Job Satisfaction and Organizational Commitment as Predictors of Organizational Citizenship and in-Role Behaviors. *Journal of Management*, Vol. 17, No. 3, 1991, pp. 601 – 617.

[212] Wilson, K. S., Sin, H. P., Conlon, D. E.. What about the Leader in Leader-Member Exchange? The Impact of Resource Exchanges and Substitutability on the Leader. *Academy of Management Review*, Vol. 35, No. 3, 2010, pp. 358 – 372.

[213] Zhang, Y., Chen, C. C.. Developmental Leadership and Organi-

zational Citizenship Behavior: Mediating Effects of Self-Determination, Supervisor Identification, and Organizational Identification. *Leadership Quarterly*, Vol. 24, No. 4, 2013, pp. 534 – 543.

［214］Zhang, Y., Huai, M. Y., Xie, Y. H.. Paternalistic Leadership and Employee Voicein China: A Dual Process Model. *Leadership Quarterly*, Vol. 26, No. 1, 2015, pp. 25 – 36.

［215］Zhang, Z., Wang, M., Shi, J. Q.. Leader-Follower Congruence in Proactive Personality and Work Outcomes: The Mediating Role of Leader-Member Exchange. *Social Science Electronic Publishing*, Vol. 55, No. 1, 2012, pp. 111 – 130.

［216］Zhou, M., An, C.. Engagement Climate: Conceptualization, Model and Hypotheses. International Conference on Information Management, Innovation Management and Industrial Engineering. IEEE, 2011.